Addition and Subtractio

Workbook for 5-7 Year Olds

Jungle Publishing

Table of Contents

Jungle Publishing have asserted their moral right to be identified as the author of this work in accordance with the Copyright, Designs and Patents Act 1988.

Adding 0-5: Part 1

Name: _____   Date: _____

Time: _____ : _____   Score: _____ /40

1) $\begin{array}{r} 2 \\ +\ 2 \\ \hline \end{array}$
2) $\begin{array}{r} 1 \\ +\ 3 \\ \hline \end{array}$
3) $\begin{array}{r} 2 \\ +\ 0 \\ \hline \end{array}$
4) $\begin{array}{r} 0 \\ +\ 2 \\ \hline \end{array}$
5) $\begin{array}{r} 1 \\ +\ 1 \\ \hline \end{array}$

6) $\begin{array}{r} 2 \\ +\ 5 \\ \hline \end{array}$
7) $\begin{array}{r} 4 \\ +\ 1 \\ \hline \end{array}$
8) $\begin{array}{r} 1 \\ +\ 4 \\ \hline \end{array}$
9) $\begin{array}{r} 1 \\ +\ 0 \\ \hline \end{array}$
10) $\begin{array}{r} 4 \\ +\ 0 \\ \hline \end{array}$

11) $\begin{array}{r} 3 \\ +\ 1 \\ \hline \end{array}$
12) $\begin{array}{r} 2 \\ +\ 1 \\ \hline \end{array}$
13) $\begin{array}{r} 1 \\ +\ 2 \\ \hline \end{array}$
14) $\begin{array}{r} 0 \\ +\ 3 \\ \hline \end{array}$
15) $\begin{array}{r} 3 \\ +\ 3 \\ \hline \end{array}$

16) $\begin{array}{r} 5 \\ +\ 1 \\ \hline \end{array}$
17) $\begin{array}{r} 4 \\ +\ 2 \\ \hline \end{array}$
18) $\begin{array}{r} 5 \\ +\ 4 \\ \hline \end{array}$
19) $\begin{array}{r} 2 \\ +\ 4 \\ \hline \end{array}$
20) $\begin{array}{r} 0 \\ +\ 1 \\ \hline \end{array}$

21) $\begin{array}{r} 2 \\ +\ 3 \\ \hline \end{array}$
22) $\begin{array}{r} 0 \\ +\ 4 \\ \hline \end{array}$
23) $\begin{array}{r} 4 \\ +\ 5 \\ \hline \end{array}$
24) $\begin{array}{r} 4 \\ +\ 3 \\ \hline \end{array}$
25) $\begin{array}{r} 3 \\ +\ 0 \\ \hline \end{array}$

26) $\begin{array}{r} 3 \\ +\ 2 \\ \hline \end{array}$
27) $\begin{array}{r} 4 \\ +\ 4 \\ \hline \end{array}$
28) $\begin{array}{r} 3 \\ +\ 5 \\ \hline \end{array}$
29) $\begin{array}{r} 5 \\ +\ 3 \\ \hline \end{array}$
30) $\begin{array}{r} 0 \\ +\ 5 \\ \hline \end{array}$

31) $\begin{array}{r} 3 \\ +\ 4 \\ \hline \end{array}$
32) $\begin{array}{r} 5 \\ +\ 5 \\ \hline \end{array}$
33) $\begin{array}{r} 5 \\ +\ 0 \\ \hline \end{array}$
34) $\begin{array}{r} 1 \\ +\ 2 \\ \hline \end{array}$
35) $\begin{array}{r} 1 \\ +\ 5 \\ \hline \end{array}$

36) $\begin{array}{r} 5 \\ +\ 2 \\ \hline \end{array}$
37) $\begin{array}{r} 1 \\ +\ 3 \\ \hline \end{array}$
38) $\begin{array}{r} 4 \\ +\ 5 \\ \hline \end{array}$
39) $\begin{array}{r} 1 \\ +\ 0 \\ \hline \end{array}$
40) $\begin{array}{r} 3 \\ +\ 2 \\ \hline \end{array}$

Adding 0-5: Part 2

Name: _____   Date: _____

Time: _____ : _____   Score: _____ /40

1)   3
   + 5
   ‾‾‾‾

2)   3
   + 0
   ‾‾‾‾

3)   0
   + 2
   ‾‾‾‾

4)   4
   + 4
   ‾‾‾‾

5)   1
   + 5
   ‾‾‾‾

6)   3
   + 2
   ‾‾‾‾

7)   4
   + 0
   ‾‾‾‾

8)   1
   + 2
   ‾‾‾‾

9)   3
   + 4
   ‾‾‾‾

10)   2
    + 4
   ‾‾‾‾

11)   4
    + 2
   ‾‾‾‾

12)   5
    + 2
   ‾‾‾‾

13)   2
    + 1
   ‾‾‾‾

14)   2
    + 3
   ‾‾‾‾

15)   3
    + 1
   ‾‾‾‾

16)   5
    + 4
   ‾‾‾‾

17)   2
    + 0
   ‾‾‾‾

18)   1
    + 4
   ‾‾‾‾

19)   5
    + 1
   ‾‾‾‾

20)   0
    + 3
   ‾‾‾‾

21)   4
    + 3
   ‾‾‾‾

22)   1
    + 0
   ‾‾‾‾

23)   1
    + 3
   ‾‾‾‾

24)   2
    + 5
   ‾‾‾‾

25)   4
    + 1
   ‾‾‾‾

26)   0
    + 5
   ‾‾‾‾

27)   5
    + 5
   ‾‾‾‾

28)   3
    + 3
   ‾‾‾‾

29)   4
    + 5
   ‾‾‾‾

30)   0
    + 1
   ‾‾‾‾

31)   2
    + 2
   ‾‾‾‾

32)   1
    + 1
   ‾‾‾‾

33)   5
    + 3
   ‾‾‾‾

34)   0
    + 4
   ‾‾‾‾

35)   3
    + 2
   ‾‾‾‾

36)   5
    + 0
   ‾‾‾‾

37)   4
    + 3
   ‾‾‾‾

38)   2
    + 1
   ‾‾‾‾

39)   4
    + 2
   ‾‾‾‾

40)   1
    + 3
   ‾‾‾‾

Name: _____   Date: _____

Time: _____ : _____   Score: _____ /40

1) 4
+ 2

2) 1
+ 1

3) 0
+ 4

4) 2
+ 3

5) 1
+ 5

6) 3
+ 1

7) 2
+ 2

8) 3
+ 0

9) 1
+ 4

10) 5
+ 4

11) 2
+ 1

12) 3
+ 2

13) 4
+ 4

14) 5
+ 0

15) 4
+ 1

16) 2
+ 4

17) 4
+ 3

18) 0
+ 2

19) 1
+ 2

20) 3
+ 3

21) 5
+ 2

22) 5
+ 3

23) 0
+ 3

24) 2
+ 5

25) 0
+ 1

26) 4
+ 0

27) 1
+ 0

28) 3
+ 5

29) 4
+ 5

30) 3
+ 4

31) 5
+ 5

32) 1
+ 3

33) 2
+ 0

34) 5
+ 1

35) 0
+ 5

36) 3
+ 1

37) 5
+ 2

38) 5
+ 1

39) 1
+ 1

40) 0
+ 4

Adding 0-5: Part 4

Name: _____   Date: _____

Time: _____ : _____   Score: _____ /40

1) 1 + 3	2) 1 + 5	3) 1 + 0	4) 1 + 1	5) 2 + 1
6) 3 + 1	7) 1 + 2	8) 0 + 1	9) 4 + 0	10) 3 + 2
11) 0 + 3	12) 4 + 1	13) 2 + 3	14) 2 + 0	15) 4 + 5
16) 5 + 2	17) 3 + 4	18) 5 + 1	19) 5 + 3	20) 0 + 4
21) 3 + 3	22) 1 + 4	23) 4 + 4	24) 5 + 0	25) 4 + 3
26) 2 + 4	27) 4 + 2	28) 3 + 5	29) 2 + 5	30) 2 + 2
31) 0 + 2	32) 1 + 4	33) 0 + 2	34) 5 + 4	35) 3 + 0
36) 0 + 5	37) 2 + 2	38) 3 + 4	39) 5 + 5	40) 5 + 2

Name: _____ Date: _____

Time: ____ : ____ Score: ____ /40

1)   1
   + 3

2)   3
   + 1

3)   5
   + 5

4)   3
   + 3

5)   1
   + 5

6)   2
   + 3

7)   0
   + 2

8)   5
   + 2

9)   5
   + 4

10)   3
   + 2

11)   1
   + 2

12)   4
   + 3

13)   4
   + 1

14)   4
   + 2

15)   2
   + 0

16)   0
   + 4

17)   3
   + 5

18)   3
   + 4

19)   2
   + 2

20)   2
   + 4

21)   5
   + 3

22)   5
   + 1

23)   1
   + 4

24)   1
   + 1

25)   1
   + 0

26)   4
   + 5

27)   0
   + 1

28)   2
   + 5

29)   2
   + 1

30)   4
   + 4

31)   0
   + 5

32)   3
   + 0

33)   4
   + 0

34)   0
   + 3

35)   5
   + 0

36)   5
   + 0

37)   2
   + 2

38)   1
   + 4

39)   3
   + 1

40)   3
   + 1

Adding 0-5: Part 6

Name: _____ Date: _____

Time: _____ : _____ Score: _____ /40

1) 4
  + 2

2) 2
  + 4

3) 4
  + 4

4) 5
  + 2

5) 4
  + 1

6) 1
  + 5

7) 2
  + 0

8) 1
  + 1

9) 3
  + 1

10) 1
   + 3

11) 4
   + 3

12) 1
   + 4

13) 2
   + 1

14) 0
   + 1

15) 3
   + 3

16) 2
   + 3

17) 5
   + 1

18) 3
   + 4

19) 3
   + 5

20) 5
   + 3

21) 0
   + 2

22) 2
   + 2

23) 2
   + 5

24) 1
   + 2

25) 3
   + 0

26) 3
   + 2

27) 5
   + 5

28) 1
   + 0

29) 5
   + 4

30) 0
   + 4

31) 4
   + 0

32) 0
   + 3

33) 0
   + 5

34) 5
   + 0

35) 3
   + 4

36) 3
   + 1

37) 0
   + 4

38) 2
   + 1

39) 4
   + 5

40) 0
   + 4

Adding 0-5: Part 7

Name: _____   Date: _____

Time: _____ : _____   Score: _____ /40

1) 3
   + 5
   ____

2) 5
   + 2
   ____

3) 2
   + 3
   ____

4) 2
   + 4
   ____

5) 4
   + 2
   ____

6) 2
   + 1
   ____

7) 1
   + 5
   ____

8) 4
   + 1
   ____

9) 5
   + 5
   ____

10) 3
    + 2
    ____

11) 4
    + 3
    ____

12) 5
    + 1
    ____

13) 1
    + 4
    ____

14) 3
    + 0
    ____

15) 3
    + 4
    ____

16) 4
    + 0
    ____

17) 2
    + 0
    ____

18) 1
    + 0
    ____

19) 1
    + 1
    ____

20) 1
    + 3
    ____

21) 3
    + 1
    ____

22) 0
    + 2
    ____

23) 0
    + 3
    ____

24) 2
    + 2
    ____

25) 2
    + 5
    ____

26) 4
    + 5
    ____

27) 5
    + 4
    ____

28) 4
    + 4
    ____

29) 3
    + 3
    ____

30) 1
    + 2
    ____

31) 0
    + 1
    ____

32) 0
    + 4
    ____

33) 5
    + 0
    ____

34) 5
    + 3
    ____

35) 4
    + 5
    ____

36) 0
    + 5
    ____

37) 2
    + 3
    ____

38) 1
    + 5
    ____

39) 2
    + 1
    ____

40) 5
    + 3
    ____

Adding 0-5: Part 8

Name: _____ Date: _____

Time: _____ : _____ Score: _____ /40

1) 1
   + 4

2) 4
   + 1

3) 3
   + 4

4) 2
   + 2

5) 4
   + 3

6) 2
   + 5

7) 2
   + 0

8) 1
   + 2

9) 5
   + 1

10) 4
    + 4

11) 0
    + 4

12) 0
    + 1

13) 1
    + 0

14) 3
    + 2

15) 5
    + 2

16) 3
    + 3

17) 3
    + 5

18) 1
    + 1

19) 2
    + 4

20) 4
    + 0

21) 3
    + 1

22) 4
    + 2

23) 1
    + 3

24) 0
    + 2

25) 1
    + 5

26) 2
    + 1

27) 0
    + 5

28) 4
    + 5

29) 5
    + 5

30) 2
    + 3

31) 0
    + 3

32) 5
    + 4

33) 5
    + 3

34) 5
    + 0

35) 3
    + 0

36) 3
    + 2

37) 2
    + 2

38) 1
    + 3

39) 5
    + 0

40) 5
    + 0

Name: _____   Date: _____

Time: _____ : _____   Score: _____ /40

1)   3
   + 3

2)   0
   + 4

3)   2
   + 4

4)   1
   + 4

5)   3
   + 4

6)   4
   + 1

7)   2
   + 1

8)   1
   + 0

9)   3
   + 0

10)   5
   + 2

11)   5
   + 5

12)   2
   + 2

13)   0
   + 1

14)   2
   + 3

15)   1
   + 2

16)   4
   + 2

17)   3
   + 5

18)   2
   + 0

19)   5
   + 3

20)   1
   + 3

21)   1
   + 5

22)   4
   + 0

23)   0
   + 5

24)   3
   + 2

25)   2
   + 5

26)   1
   + 1

27)   0
   + 3

28)   5
   + 4

29)   4
   + 3

30)   4
   + 5

31)   3
   + 1

32)   4
   + 4

33)   0
   + 2

34)   5
   + 1

35)   0
   + 5

36)   1
   + 5

37)   1
   + 3

38)   5
   + 0

39)   3
   + 1

40)   4
   + 3

Name: _____   Date: _____

Time: _____ : _____   Score: _____ /40

1)   1
  + 2

2)   4
  + 1

3)   3
  + 3

4)   3
  + 0

5)   2
  + 3

6)   2
  + 1

7)   0
  + 1

8)   4
  + 0

9)   2
  + 2

10)   3
  + 2

11)   2
  + 5

12)   4
  + 2

13)   5
  + 4

14)   1
  + 3

15)   2
  + 4

16)   0
  + 4

17)   4
  + 3

18)   1
  + 4

19)   5
  + 0

20)   1
  + 1

21)   5
  + 1

22)   4
  + 4

23)   3
  + 4

24)   5
  + 3

25)   1
  + 0

26)   0
  + 5

27)   1
  + 5

28)   5
  + 5

29)   3
  + 1

30)   0
  + 3

31)   2
  + 0

32)   4
  + 5

33)   3
  + 5

34)   5
  + 2

35)   3
  + 0

36)   0
  + 2

37)   3
  + 1

38)   2
  + 3

39)   2
  + 2

40)   1
  + 1

Subtracting 0-5: Part 1

Name: _____   Date: _____

Time: _____ : _____   Score: _____ /40

1) 4
   - 2
   ___

2) 2
   - 1
   ___

3) 4
   - 0
   ___

4) 1
   - 1
   ___

5) 0
   - 0
   ___

6) 3
   - 0
   ___

7) 1
   - 0
   ___

8) 4
   - 1
   ___

9) 3
   - 2
   ___

10) 5
    - 2
    ___

11) 2
    - 2
    ___

12) 3
    - 1
    ___

13) 4
    - 4
    ___

14) 2
    - 0
    ___

15) 5
    - 1
    ___

16) 5
    - 3
    ___

17) 3
    - 3
    ___

18) 4
    - 3
    ___

19) 5
    - 0
    ___

20) 5
    - 5
    ___

21) 5
    - 4
    ___

22) 2
    - 1
    ___

23) 4
    - 2
    ___

24) 3
    - 1
    ___

25) 2
    - 0
    ___

26) 2
    - 2
    ___

27) 1
    - 0
    ___

28) 4
    - 1
    ___

29) 2
    - 1
    ___

30) 2
    - 0
    ___

31) 0
    - 0
    ___

32) 0
    - 0
    ___

33) 1
    - 0
    ___

34) 1
    - 1
    ___

35) 0
    - 0
    ___

36) 0
    - 0
    ___

37) 4
    - 2
    ___

38) 2
    - 1
    ___

39) 3
    - 0
    ___

40) 1
    - 1
    ___

Name: _____   Date: _____

Time: _____ : _____   Score: _____ /40

1) 3
  − 2
___

2) 3
  − 1
___

3) 2
  − 1
___

4) 1
  − 1
___

5) 4
  − 3
___

6) 4
  − 2
___

7) 5
  − 1
___

8) 1
  − 0
___

9) 2
  − 2
___

10) 5
  − 2
___

11) 4
  − 1
___

12) 2
  − 0
___

13) 4
  − 4
___

14) 0
  − 0
___

15) 3
  − 3
___

16) 5
  − 3
___

17) 4
  − 0
___

18) 5
  − 5
___

19) 5
  − 4
___

20) 4
  − 2
___

21) 5
  − 0
___

22) 3
  − 0
___

23) 4
  − 2
___

24) 4
  − 3
___

25) 3
  − 0
___

26) 5
  − 3
___

27) 4
  − 0
___

28) 1
  − 0
___

29) 1
  − 1
___

30) 3
  − 1
___

31) 3
  − 2
___

32) 5
  − 3
___

33) 3
  − 0
___

34) 4
  − 3
___

35) 2
  − 1
___

36) 0
  − 0
___

37) 4
  − 3
___

38) 1
  − 1
___

39) 0
  − 0
___

40) 0
  − 0
___

Subtracting 0-5: Part 3

Name: _____   Date: _____

Time: _____ : _____   Score: _____ /40

1) 1
  - 1

2) 5
  - 0

3) 3
  - 2

4) 4
  - 2

5) 1
  - 0

6) 4
  - 3

7) 5
  - 3

8) 2
  - 1

9) 3
  - 1

10) 0
   - 0

11) 3
   - 3

12) 2
   - 2

13) 4
   - 0

14) 2
   - 0

15) 4
   - 1

16) 5
   - 1

17) 5
   - 2

18) 5
   - 4

19) 4
   - 4

20) 3
   - 0

21) 5
   - 5

22) 5
   - 4

23) 1
   - 0

24) 3
   - 2

25) 2
   - 1

26) 0
   - 0

27) 3
   - 2

28) 3
   - 3

29) 3
   - 0

30) 4
   - 3

31) 2
   - 2

32) 0
   - 0

33) 5
   - 0

34) 2
   - 2

35) 4
   - 1

36) 5
   - 3

37) 1
   - 0

38) 4
   - 3

39) 1
   - 1

40) 3
   - 0

Subtracting 0-5: Part 4

Name: _____   Date: _____

Time: _____ : _____   Score: _____ /40

1) 1
  - 1

2) 2
  - 1

3) 3
  - 0

4) 1
  - 0

5) 3
  - 3

6) 0
  - 0

7) 2
  - 0

8) 5
  - 2

9) 3
  - 1

10) 5
  - 0

11) 4
  - 0

12) 4
  - 1

13) 5
  - 1

14) 2
  - 2

15) 4
  - 2

16) 4
  - 3

17) 4
  - 4

18) 3
  - 2

19) 5
  - 3

20) 3
  - 3

21) 5
  - 5

22) 5
  - 4

23) 3
  - 2

24) 3
  - 2

25) 0
  - 0

26) 4
  - 3

27) 3
  - 2

28) 5
  - 5

29) 3
  - 2

30) 0
  - 0

31) 1
  - 1

32) 5
  - 2

33) 3
  - 2

34) 4
  - 0

35) 5
  - 0

36) 4
  - 3

37) 0
  - 0

38) 3
  - 0

39) 3
  - 2

40) 4
  - 1

Name: _____   Date: _____

Time: _____ : _____   Score: _____ /40

1)   0
   − 0

2)   3
   − 3

3)   1
   − 0

4)   3
   − 0

5)   5
   − 2

6)   3
   − 1

7)   2
   − 2

8)   3
   − 2

9)   2
   − 0

10)   4
   − 2

11)   5
   − 3

12)   1
   − 1

13)   2
   − 1

14)   5
   − 5

15)   5
   − 4

16)   4
   − 3

17)   4
   − 4

18)   4
   − 1

19)   5
   − 0

20)   5
   − 1

21)   0
   − 0

22)   4
   − 0

23)   4
   − 0

24)   3
   − 1

25)   2
   − 1

26)   1
   − 0

27)   3
   − 0

28)   1
   − 1

29)   5
   − 4

30)   5
   − 3

31)   0
   − 0

32)   0
   − 0

33)   3
   − 1

34)   1
   − 1

35)   4
   − 3

36)   4
   − 3

37)   4
   − 4

38)   1
   − 0

39)   2
   − 0

40)   0
   − 0

Subtracting 0-5: Part 6

Name: _____   Date: _____

Time: _____ : _____   Score: _____ /40

1)   4
   - 1
   ___

2)   4
   - 2
   ___

3)   2
   - 0
   ___

4)   2
   - 1
   ___

5)   4
   - 3
   ___

6)   1
   - 1
   ___

7)   0
   - 0
   ___

8)   3
   - 1
   ___

9)   4
   - 4
   ___

10)   3
   - 2
   ___

11)   3
   - 0
   ___

12)   1
   - 0
   ___

13)   5
   - 0
   ___

14)   5
   - 1
   ___

15)   4
   - 0
   ___

16)   3
   - 3
   ___

17)   5
   - 3
   ___

18)   2
   - 2
   ___

19)   5
   - 4
   ___

20)   5
   - 2
   ___

21)   3
   - 2
   ___

22)   5
   - 5
   ___

23)   0
   - 0
   ___

24)   1
   - 0
   ___

25)   3
   - 2
   ___

26)   4
   - 0
   ___

27)   1
   - 1
   ___

28)   4
   - 4
   ___

29)   3
   - 1
   ___

30)   2
   - 2
   ___

31)   5
   - 2
   ___

32)   4
   - 2
   ___

33)   1
   - 1
   ___

34)   4
   - 4
   ___

35)   2
   - 1
   ___

36)   1
   - 1
   ___

37)   1
   - 0
   ___

38)   3
   - 1
   ___

39)   4
   - 2
   ___

40)   0
   - 0
   ___

Name: _____   Date: _____

Time: _____ : _____   Score: _____ /40

1)   4
   - 1

2)   3
   - 3

3)   4
   - 2

4)   1
   - 1

5)   2
   - 1

6)   2
   - 0

7)   0
   - 0

8)   1
   - 0

9)   4
   - 3

10)   3
   - 0

11)   2
   - 2

12)   4
   - 4

13)   3
   - 2

14)   5
   - 3

15)   3
   - 1

16)   4
   - 0

17)   5
   - 4

18)   5
   - 2

19)   1
   - 0

20)   5
   - 1

21)   5
   - 5

22)   5
   - 4

23)   5
   - 0

24)   1
   - 1

25)   1
   - 0

26)   3
   - 2

27)   5
   - 3

28)   4
   - 2

29)   3
   - 3

30)   2
   - 0

31)   4
   - 2

32)   4
   - 3

33)   1
   - 0

34)   0
   - 0

35)   3
   - 1

36)   0
   - 0

37)   1
   - 0

38)   1
   - 0

39)   5
   - 1

40)   3
   - 2

Name: _____   Date: _____

Time: _____ : _____   Score: _____ /40

1)   4
   - 1
   ___

2)   2
   - 0
   ___

3)   1
   - 1
   ___

4)   2
   - 1
   ___

5)   4
   - 4
   ___

6)   3
   - 1
   ___

7)   1
   - 0
   ___

8)   0
   - 0
   ___

9)   5
   - 3
   ___

10)   4
    - 3
    ___

11)   2
    - 2
    ___

12)   4
    - 0
    ___

13)   3
    - 2
    ___

14)   4
    - 2
    ___

15)   5
    - 1
    ___

16)   3
    - 3
    ___

17)   5
    - 0
    ___

18)   5
    - 5
    ___

19)   5
    - 2
    ___

20)   3
    - 0
    ___

21)   5
    - 1
    ___

22)   5
    - 4
    ___

23)   1
    - 0
    ___

24)   1
    - 1
    ___

25)   4
    - 3
    ___

26)   4
    - 0
    ___

27)   1
    - 1
    ___

28)   5
    - 4
    ___

29)   4
    - 2
    ___

30)   4
    - 2
    ___

31)   0
    - 0
    ___

32)   1
    - 1
    ___

33)   2
    - 1
    ___

34)   3
    - 0
    ___

35)   0
    - 0
    ___

36)   3
    - 1
    ___

37)   4
    - 3
    ___

38)   3
    - 1
    ___

39)   0
    - 0
    ___

40)   0
    - 0
    ___

Subtracting 0-5: Part 9

Name: Date:

Time: :   Score: /40

1) 4
   - 0

2) 3
   - 1

3) 4
   - 4

4) 5
   - 1

5) 2
   - 1

6) 2
   - 2

7) 3
   - 2

8) 4
   - 1

9) 1
   - 0

10) 2
    - 0

11) 0
    - 0

12) 5
    - 5

13) 4
    - 3

14) 3
    - 0

15) 5
    - 4

16) 3
    - 3

17) 4
    - 2

18) 1
    - 1

19) 5
    - 3

20) 5
    - 0

21) 5
    - 2

22) 4
    - 0

23) 1
    - 0

24) 5
    - 1

25) 1
    - 1

26) 1
    - 1

27) 4
    - 1

28) 0
    - 0

29) 0
    - 0

30) 3
    - 2

31) 1
    - 1

32) 3
    - 2

33) 4
    - 1

34) 1
    - 0

35) 4
    - 1

36) 3
    - 2

37) 2
    - 1

38) 5
    - 3

39) 1
    - 1

40) 1
    - 1

Name: _____   Date: _____

Time: _____ : _____   Score: _____ /40

1)   2
   - 1
   ____

2)   1
   - 1
   ____

3)   1
   - 0
   ____

4)   4
   - 1
   ____

5)   4
   - 0
   ____

6)   5
   - 2
   ____

7)   3
   - 3
   ____

8)   5
   - 1
   ____

9)   4
   - 2
   ____

10)   4
    - 4
    ____

11)   2
    - 2
    ____

12)   5
    - 4
    ____

13)   3
    - 0
    ____

14)   3
    - 2
    ____

15)   5
    - 5
    ____

16)   2
    - 0
    ____

17)   4
    - 3
    ____

18)   3
    - 1
    ____

19)   5
    - 0
    ____

20)   0
    - 0
    ____

21)   5
    - 3
    ____

22)   1
    - 0
    ____

23)   1
    - 0
    ____

24)   5
    - 2
    ____

25)   3
    - 0
    ____

26)   4
    - 2
    ____

27)   5
    - 2
    ____

28)   0
    - 0
    ____

29)   1
    - 0
    ____

30)   4
    - 3
    ____

31)   3
    - 2
    ____

32)   2
    - 1
    ____

33)   3
    - 1
    ____

34)   5
    - 2
    ____

35)   1
    - 1
    ____

36)   1
    - 0
    ____

37)   2
    - 1
    ____

38)   1
    - 1
    ____

39)   3
    - 3
    ____

40)   4
    - 2
    ____

Adding 0-10: Part 1

Name: _____   Date: _____

Time: _____ : _____   Score: _____ /40

1)   9
   + 8

2)   6
   + 5

3)   5
   + 2

4)   1
   + 3

5)   7
   + 1

6)   9
   + 9

7)   7
   + 2

8)   1
   + 6

9)   9
   + 1

10)   0
   + 4

11)   1
   + 2

12)   4
   + 4

13)   1
   + 8

14)   7
   + 3

15)   10
   + 2

16)   3
   + 7

17)   1
   + 1

18)   3
   + 5

19)   0
   + 3

20)   7
   + 6

21)   2
   + 6

22)   5
   + 3

23)   8
   + 3

24)   5
   + 9

25)   4
   + 1

26)   1
   + 5

27)   7
   + 4

28)   4
   + 5

29)   9
   + 2

30)   8
   + 6

31)   9
   + 5

32)   6
   + 6

33)   7
   + 0

34)   6
   + 9

35)   3
   + 8

36)   8
   + 5

37)   4
   + 9

38)   4
   + 10

39)   5
   + 4

40)   2
   + 10

Adding 0-10: Part 2

Name: _____ Date: _____

Time: _____ : _____ Score: _____ /40

1)   6   + 9

2)   5   + 10

3)   1   + 2

4)   3   + 3

5)   5   + 1

6)   8   + 2

7)   4   + 4

8)   2   + 8

9)   8   + 0

10)   9   + 3

11)   5   + 9

12)   7   + 7

13)   10   + 9

14)   6   + 5

15)   7   + 5

16)   4   + 3

17)   3   + 9

18)   2   + 6

19)   1   + 10

20)   7   + 9

21)   0   + 3

22)   10   + 7

23)   6   + 7

24)   9   + 2

25)   6   + 8

26)   5   + 6

27)   3   + 4

28)   2   + 3

29)   7   + 1

30)   8   + 1

31)   1   + 3

32)   4   + 10

33)   3   + 2

34)   4   + 1

35)   4   + 8

36)   9   + 6

37)   4   + 6

38)   3   + 7

39)   8   + 3

40)   2   + 10

Adding 0-10: Part 3

Name: _____   Date: _____

Time: _____ : _____   Score: _____ /40

1)   8
  + 2

2)   5
  + 2

3)   2
  + 5

4)   10
  + 1

5)   0
  + 9

6)   7
  + 7

7)   4
  + 3

8)   5
  + 1

9)   4
  + 8

10)   5
  + 6

11)   3
  + 0

12)   2
  + 6

13)   7
  + 4

14)   2
  + 7

15)   1
  + 4

16)   4
  + 7

17)   7
  + 8

18)   1
  + 2

19)   4
  + 2

20)   9
  + 3

21)   1
  + 8

22)   0
  + 3

23)   8
  + 3

24)   8
  + 1

25)   9
  + 2

26)   8
  + 7

27)   1
  + 9

28)   4
  + 9

29)   3
  + 3

30)   0
  + 6

31)   6
  + 0

32)   7
  + 2

33)   5
  + 5

34)   8
  + 4

35)   10
  + 9

36)   9
  + 10

37)   10
  + 4

38)   7
  + 0

39)   3
  + 1

40)   1
  + 5

Adding 0-10: Part 4

Name: _____ Date: _____

Time: _____ : _____ Score: _____ /40

1) 6
\+ 0

2) 3
\+ 7

3) 9
\+ 5

4) 6
\+ 7

5) 3
\+ 3

6) 6
\+ 3

7) 6
\+ 2

8) 4
\+ 1

9) 3
\+ 4

10) 4
\+ 6

11) 7
\+ 1

12) 0
\+ 1

13) 0
\+ 6

14) 9
\+ 8

15) 5
\+ 3

16) 5
\+ 9

17) 3
\+ 9

18) 3
\+ 1

19) 10
\+ 8

20) 0
\+ 7

21) 0
\+ 9

22) 3
\+ 8

23) 10
\+ 4

24) 1
\+ 5

25) 5
\+ 5

26) 8
\+ 1

27) 10
\+ 5

28) 10
\+ 2

29) 7
\+ 2

30) 6
\+ 8

31) 2
\+ 9

32) 8
\+ 8

33) 10
\+ 7

34) 10
\+ 3

35) 4
\+ 7

36) 8
\+ 2

37) 7
\+ 5

38) 6
\+ 1

39) 8
\+ 10

40) 0
\+ 2

Adding 0-10: Part 5

Name: _____ Date: _____

Time: _____ : _____ Score: _____ /40

1) 6
  + 3

2) 0
  + 4

3) 1
  + 2

4) 4
  + 4

5) 1
  + 7

6) 8
  + 7

7) 8
  + 9

8) 6
  + 7

9) 0
  + 3

10) 4
   + 7

11) 3
   + 0

12) 0
   + 6

13) 3
   + 1

14) 9
   + 0

15) 5
   + 2

16) 8
   + 0

17) 6
   + 5

18) 2
   + 4

19) 7
   + 2

20) 10
   + 1

21) 10
   + 4

22) 0
   + 8

23) 2
   + 0

24) 2
   + 9

25) 9
   + 7

26) 3
   + 6

27) 3
   + 4

28) 1
   + 10

29) 9
   + 9

30) 10
   + 7

31) 1
   + 3

32) 4
   + 3

33) 5
   + 6

34) 7
   + 1

35) 1
   + 6

36) 1
   + 0

37) 8
   + 5

38) 1
   + 9

39) 3
   + 7

40) 5
   + 9

Adding 0-10: Part 6

Name: _____ Date: _____

Time: _____ : _____ Score: _____ /40

1) 5
+ 3

2) 6
+ 1

3) 8
+ 5

4) 9
+ 9

5) 0
+ 4

6) 0
+ 1

7) 5
+ 7

8) 2
+ 5

9) 2
+ 9

10) 3
+ 5

11) 6
+ 6

12) 7
+ 5

13) 8
+ 7

14) 4
+ 7

15) 5
+ 1

16) 3
+ 1

17) 8
+ 1

18) 2
+ 3

19) 10
+ 10

20) 0
+ 7

21) 6
+ 5

22) 8
+ 4

23) 4
+ 3

24) 1
+ 1

25) 3
+ 9

26) 7
+ 0

27) 7
+ 10

28) 4
+ 4

29) 7
+ 2

30) 6
+ 3

31) 3
+ 4

32) 5
+ 10

33) 5
+ 2

34) 7
+ 4

35) 5
+ 8

36) 10
+ 2

37) 7
+ 3

38) 4
+ 1

39) 6
+ 4

40) 4
+ 2

Adding 0-10: Part 7

Name: _____   Date: _____

Time: _____:_____   Score: _____/40

1) 10
  + 3

2) 5
  + 3

3) 1
  + 5

4) 3
  + 4

5) 8
  + 7

6) 1
  + 2

7) 2
  + 5

8) 2
  + 7

9) 9
  + 9

10) 3
  + 9

11) 9
  + 4

12) 4
  + 7

13) 8
  + 5

14) 1
  + 8

15) 2
  + 8

16) 9
  + 7

17) 7
  + 4

18) 2
  + 3

19) 1
  + 3

20) 6
  + 5

21) 2
  + 6

22) 0
  + 4

23) 9
  + 0

24) 3
  + 1

25) 9
  + 6

26) 8
  + 2

27) 8
  + 4

28) 6
  + 8

29) 4
  + 1

30) 5
  + 5

31) 10
  + 5

32) 6
  + 10

33) 8
  + 6

34) 7
  + 10

35) 1
  + 7

36) 5
  + 7

37) 9
  + 2

38) 9
  + 3

39) 7
  + 3

40) 0
  + 8

Name: _____   Date: _____

Time: _____ : _____   Score: _____ /40

1)   8
   + 0
   ___

2)   8
   + 6
   ___

3)   4
   + 10
   ___

4)   4
   + 5
   ___

5)   9
   + 4
   ___

6)   9
   + 2
   ___

7)   4
   + 7
   ___

8)   7
   + 8
   ___

9)   3
   + 6
   ___

10)   8
    + 9
   ___

11)   5
    + 6
   ___

12)   1
    + 8
   ___

13)   7
    + 7
   ___

14)   9
    + 8
   ___

15)   2
    + 3
   ___

16)   10
    + 4
   ___

17)   5
    + 7
   ___

18)   6
    + 1
   ___

19)   2
    + 9
   ___

20)   9
    + 7
   ___

21)   2
    + 4
   ___

22)   9
    + 9
   ___

23)   7
    + 4
   ___

24)   8
    + 3
   ___

25)   7
    + 1
   ___

26)   3
    + 8
   ___

27)   1
    + 4
   ___

28)   10
    + 2
   ___

29)   10
    + 0
   ___

30)   1
    + 6
   ___

31)   6
    + 2
   ___

32)   1
    + 3
   ___

33)   9
    + 6
   ___

34)   1
    + 1
   ___

35)   3
    + 1
   ___

36)   8
    + 4
   ___

37)   1
    + 2
   ___

38)   0
    + 2
   ___

39)   6
    + 6
   ___

40)   4
    + 2
   ___

Name: _____   Date: _____

Time: _____ : _____   Score: _____ /40

1)   0
   + 2

2)   5
   + 9

3)   8
   + 3

4)   3
   + 4

5)   4
   + 1

6)   1
   + 9

7)   7
   + 2

8)   10
   + 10

9)   3
   + 3

10)   6
   + 9

11)   5
   + 7

12)   6
   + 5

13)   8
   + 2

14)   1
   + 10

15)   9
   + 0

16)   0
   + 4

17)   6
   + 6

18)   2
   + 10

19)   2
   + 9

20)   10
   + 2

21)   10
   + 3

22)   0
   + 1

23)   10
   + 7

24)   5
   + 1

25)   5
   + 3

26)   6
   + 0

27)   1
   + 6

28)   2
   + 3

29)   5
   + 4

30)   1
   + 7

31)   7
   + 5

32)   5
   + 8

33)   10
   + 9

34)   3
   + 2

35)   8
   + 4

36)   0
   + 9

37)   5
   + 6

38)   6
   + 10

39)   9
   + 2

40)   8
   + 1

Name: _____   Date: _____

Time: _____ : _____   Score: _____ /40

1) 5
  + 3

2) 7
  + 2

3) 6
  + 9

4) 5
  + 2

5) 5
  + 5

6) 3
  + 2

7) 7
  + 9

8) 8
  + 2

9) 10
  + 4

10) 3
   + 4

11) 2
   + 9

12) 9
   + 6

13) 6
   + 0

14) 7
   + 7

15) 0
   + 9

16) 4
   + 10

17) 1
   + 9

18) 6
   + 1

19) 6
   + 4

20) 8
   + 1

21) 6
   + 2

22) 0
   + 7

23) 1
   + 0

24) 7
   + 3

25) 4
   + 6

26) 5
   + 4

27) 3
   + 10

28) 7
   + 6

29) 8
   + 6

30) 2
   + 8

31) 5
   + 9

32) 1
   + 1

33) 8
   + 3

34) 5
   + 8

35) 9
   + 10

36) 9
   + 7

37) 10
   + 8

38) 6
   + 8

39) 4
   + 7

40) 6
   + 6

Subtracting 0-10: Part 1

Name: Date:

Time: :   Score: /40

1) 9
  - 2

2) 6
  - 5

3) 7
  - 7

4) 7
  - 3

5) 6
  - 3

6) 6
  - 2

7) 8
  - 1

8) 8
  - 6

9) 7
  - 4

10) 8
   - 8

11) 8
   - 0

12) 7
   - 0

13) 9
   - 7

14) 5
   - 1

15) 6
   - 6

16) 4
   - 2

17) 5
   - 4

18) 6
   - 1

19) 9
   - 4

20) 8
   - 4

21) 10
   - 3

22) 8
   - 3

23) 4
   - 1

24) 7
   - 6

25) 9
   - 8

26) 8
   - 2

27) 8
   - 5

28) 6
   - 0

29) 7
   - 5

30) 5
   - 5

31) 9
   - 6

32) 5
   - 3

33) 10
   - 7

34) 5
   - 2

35) 4
   - 4

36) 7
   - 2

37) 4
   - 0

38) 10
   - 6

39) 10
   - 0

40) 9
   - 1

Subtracting 0-10: Part 2

Name: _____ Date: _____

Time: _____ : _____ Score: _____ /40

1) 6
   - 0

2) 5
   - 5

3) 8
   - 0

4) 7
   - 0

5) 8
   - 5

6) 9
   - 7

7) 4
   - 3

8) 7
   - 4

9) 6
   - 3

10) 9
    - 3

11) 9
    - 4

12) 10
    - 9

13) 5
    - 1

14) 6
    - 5

15) 4
    - 0

16) 8
    - 3

17) 7
    - 2

18) 9
    - 8

19) 8
    - 7

20) 6
    - 1

21) 6
    - 4

22) 5
    - 4

23) 4
    - 1

24) 9
    - 2

25) 7
    - 1

26) 8
    - 2

27) 7
    - 5

28) 9
    - 1

29) 7
    - 6

30) 6
    - 2

31) 10
    - 8

32) 5
    - 3

33) 5
    - 2

34) 9
    - 6

35) 8
    - 6

36) 8
    - 4

37) 7
    - 3

38) 8
    - 1

39) 6
    - 6

40) 5
    - 0

Subtracting 0-10: Part 3

Name: _____ Date: _____

Time: _____ : _____ Score: _____ /40

1) 4
  − 0

2) 8
  − 0

3) 9
  − 6

4) 10
  − 6

5) 6
  − 1

6) 7
  − 6

7) 5
  − 2

8) 7
  − 1

9) 6
  − 2

10) 9
  − 1

11) 5
  − 3

12) 5
  − 0

13) 6
  − 6

14) 8
  − 1

15) 8
  − 4

16) 9
  − 2

17) 7
  − 3

18) 8
  − 5

19) 10
  − 10

20) 4
  − 2

21) 8
  − 6

22) 9
  − 3

23) 9
  − 9

24) 8
  − 7

25) 7
  − 2

26) 9
  − 4

27) 5
  − 1

28) 7
  − 4

29) 6
  − 0

30) 4
  − 3

31) 9
  − 0

32) 6
  − 3

33) 10
  − 4

34) 8
  − 2

35) 9
  − 5

36) 4
  − 1

37) 6
  − 4

38) 7
  − 7

39) 6
  − 5

40) 7
  − 5

Name: _____   Date: _____

Time: _____ : _____   Score: _____ /40

1) 9 - 1	2) 8 - 3	3) 9 - 0	4) 5 - 4	5) 6 - 4
6) 7 - 7	7) 5 - 5	8) 8 - 1	9) 7 - 6	10) 7 - 1
11) 9 - 6	12) 7 - 3	13) 9 - 8	14) 5 - 3	15) 8 - 2
16) 8 - 8	17) 6 - 2	18) 5 - 1	19) 10 - 8	20) 7 - 2
21) 9 - 4	22) 6 - 1	23) 7 - 5	24) 10 - 2	25) 8 - 6
26) 8 - 7	27) 8 - 0	28) 4 - 1	29) 7 - 4	30) 4 - 3
31) 5 - 0	32) 6 - 5	33) 9 - 7	34) 5 - 2	35) 9 - 3
36) 10 - 6	37) 10 - 3	38) 8 - 5	39) 10 - 0	40) 6 - 0

Subtracting 0-10: Part 5

Name: _____   Date: _____

Time: _____ : _____   Score: _____ /40

1)
$$5 - 2$$

2)
$$9 - 6$$

3)
$$6 - 5$$

4)
$$9 - 0$$

5)
$$8 - 3$$

6)
$$9 - 4$$

7)
$$7 - 2$$

8)
$$9 - 5$$

9)
$$6 - 2$$

10)
$$8 - 8$$

11)
$$7 - 4$$

12)
$$8 - 5$$

13)
$$8 - 1$$

14)
$$9 - 3$$

15)
$$7 - 5$$

16)
$$7 - 0$$

17)
$$8 - 4$$

18)
$$5 - 3$$

19)
$$9 - 7$$

20)
$$5 - 1$$

21)
$$5 - 5$$

22)
$$9 - 8$$

23)
$$4 - 2$$

24)
$$4 - 3$$

25)
$$6 - 1$$

26)
$$8 - 7$$

27)
$$9 - 9$$

28)
$$6 - 3$$

29)
$$7 - 1$$

30)
$$10 - 9$$

31)
$$8 - 6$$

32)
$$7 - 3$$

33)
$$4 - 4$$

34)
$$5 - 4$$

35)
$$6 - 4$$

36)
$$8 - 0$$

37)
$$5 - 0$$

38)
$$10 - 7$$

39)
$$9 - 1$$

40)
$$10 - 8$$

Subtracting 0-10: Part 6

Name: _____   Date: _____

Time: _____ : _____   Score: _____ /40

1) 5
   - 4
   ____

2) 6
   - 1
   ____

3) 4
   - 2
   ____

4) 5
   - 5
   ____

5) 10
   - 5
   ____

6) 5
   - 1
   ____

7) 7
   - 6
   ____

8) 5
   - 3
   ____

9) 8
   - 8
   ____

10) 7
    - 0
    ____

11) 9
    - 4
    ____

12) 9
    - 3
    ____

13) 8
    - 2
    ____

14) 5
    - 2
    ____

15) 8
    - 1
    ____

16) 6
    - 0
    ____

17) 10
    - 2
    ____

18) 8
    - 4
    ____

19) 6
    - 5
    ____

20) 9
    - 7
    ____

21) 6
    - 4
    ____

22) 7
    - 5
    ____

23) 5
    - 0
    ____

24) 6
    - 3
    ____

25) 8
    - 6
    ____

26) 7
    - 2
    ____

27) 6
    - 2
    ____

28) 8
    - 0
    ____

29) 10
    - 8
    ____

30) 7
    - 4
    ____

31) 10
    - 4
    ____

32) 6
    - 6
    ____

33) 4
    - 1
    ____

34) 9
    - 8
    ____

35) 4
    - 0
    ____

36) 9
    - 2
    ____

37) 7
    - 7
    ____

38) 7
    - 1
    ____

39) 8
    - 7
    ____

40) 10
    - 6
    ____

Subtracting 0-10: Part 7

Name: _____   Date: _____

Time: _____ : _____   Score: _____ /40

1) 8
  - 6

2) 8
  - 7

3) 10
  - 2

4) 4
  - 3

5) 10
  - 1

6) 6
  - 2

7) 5
  - 1

8) 9
  - 7

9) 8
  - 5

10) 6
   - 3

11) 6
   - 5

12) 7
   - 5

13) 9
   - 5

14) 10
   - 6

15) 6
   - 1

16) 4
   - 2

17) 8
   - 2

18) 7
   - 3

19) 6
   - 4

20) 8
   - 1

21) 6
   - 6

22) 9
   - 3

23) 5
   - 0

24) 8
   - 0

25) 9
   - 2

26) 4
   - 4

27) 5
   - 2

28) 6
   - 0

29) 5
   - 4

30) 7
   - 1

31) 5
   - 3

32) 7
   - 0

33) 4
   - 0

34) 4
   - 1

35) 8
   - 8

36) 9
   - 9

37) 9
   - 1

38) 8
   - 3

39) 9
   - 4

40) 7
   - 2

Name: _____   Date: _____

Time: _____ : _____   Score: _____ /40

1)
```
  9
- 7
```

2)
```
  6
- 3
```

3)
```
  5
- 3
```

4)
```
  9
- 1
```

5)
```
  8
- 8
```

6)
```
  9
- 2
```

7)
```
  4
- 0
```

8)
```
  9
- 0
```

9)
```
  7
- 2
```

10)
```
  9
- 6
```

11)
```
  7
- 1
```

12)
```
  7
- 0
```

13)
```
  10
-  1
```

14)
```
  7
- 3
```

15)
```
  7
- 5
```

16)
```
  8
- 2
```

17)
```
  8
- 6
```

18)
```
  6
- 6
```

19)
```
  5
- 0
```

20)
```
  6
- 1
```

21)
```
  4
- 3
```

22)
```
  8
- 5
```

23)
```
  5
- 2
```

24)
```
  7
- 4
```

25)
```
  8
- 4
```

26)
```
  10
-  7
```

27)
```
  9
- 9
```

28)
```
  10
-  8
```

29)
```
  7
- 6
```

30)
```
  4
- 2
```

31)
```
  4
- 4
```

32)
```
  10
-  4
```

33)
```
  8
- 3
```

34)
```
  5
- 4
```

35)
```
  9
- 5
```

36)
```
  6
- 2
```

37)
```
  8
- 1
```

38)
```
  6
- 5
```

39)
```
  10
-  9
```

40)
```
  6
- 0
```

Subtracting 0-10: Part 9

Name: Date:

Time: :   Score: /40

1) $9 - 0$	2) $7 - 3$	3) $7 - 5$	4) $6 - 4$	5) $9 - 5$
6) $5 - 5$	7) $4 - 1$	8) $8 - 5$	9) $6 - 0$	10) $7 - 4$
11) $5 - 4$	12) $8 - 2$	13) $8 - 4$	14) $6 - 3$	15) $5 - 1$
16) $5 - 3$	17) $8 - 0$	18) $7 - 2$	19) $9 - 8$	20) $7 - 7$
21) $10 - 1$	22) $5 - 0$	23) $10 - 2$	24) $8 - 7$	25) $4 - 3$
26) $10 - 9$	27) $9 - 6$	28) $8 - 8$	29) $4 - 2$	30) $4 - 0$
31) $7 - 1$	32) $8 - 3$	33) $6 - 6$	34) $6 - 2$	35) $10 - 4$
36) $10 - 5$	37) $6 - 5$	38) $5 - 2$	39) $10 - 10$	40) $8 - 1$

Subtracting 0-10: Part 10

Name: _____   Date: _____

Time: _____ : _____   Score: _____ /40

1) 8
   - 0

2) 9
   - 7

3) 8
   - 5

4) 4
   - 4

5) 6
   - 3

6) 4
   - 0

7) 10
   - 3

8) 7
   - 1

9) 4
   - 1

10) 8
    - 4

11) 8
    - 3

12) 4
    - 2

13) 5
    - 1

14) 8
    - 6

15) 8
    - 1

16) 5
    - 3

17) 4
    - 3

18) 10
    - 6

19) 6
    - 5

20) 7
    - 0

21) 9
    - 3

22) 5
    - 2

23) 10
    - 2

24) 9
    - 2

25) 6
    - 1

26) 9
    - 4

27) 10
    - 5

28) 8
    - 7

29) 6
    - 6

30) 10
    - 7

31) 9
    - 6

32) 5
    - 4

33) 8
    - 8

34) 6
    - 0

35) 7
    - 4

36) 10
    - 8

37) 9
    - 9

38) 9
    - 0

39) 10
    - 9

40) 5
    - 0

Name: _____   Date: _____

Time: _____ : _____   Score: _____ /40

1)   13
   + 17

2)   19
   + 12

3)   15
   + 16

4)   8
   + 19

5)   14
   + 11

6)   16
   + 11

7)   12
   + 7

8)   7
   + 14

9)   12
   + 12

10)   10
   + 16

11)   9
   + 15

12)   6
   + 9

13)   12
   + 9

14)   9
   + 14

15)   17
   + 20

16)   14
   + 9

17)   18
   + 10

18)   9
   + 12

19)   18
   + 6

20)   10
   + 13

21)   8
   + 17

22)   12
   + 11

23)   16
   + 9

24)   9
   + 18

25)   16
   + 16

26)   16
   + 10

27)   9
   + 20

28)   15
   + 20

29)   14
   + 16

30)   18
   + 8

31)   10
   + 5

32)   19
   + 9

33)   19
   + 6

34)   6
   + 16

35)   6
   + 12

36)   7
   + 11

37)   8
   + 9

38)   5
   + 20

39)   14
   + 13

40)   16
   + 13

Adding 0-20: Part 2

Name: _____ Date: _____

Time: _____ : _____ Score: _____ /40

1) 12
+ 20

2) 19
+ 15

3) 13
+ 11

4) 15
+ 12

5) 14
+ 5

6) 19
+ 11

7) 13
+ 17

8) 10
+ 16

9) 10
+ 17

10) 18
+ 10

11) 11
+ 8

12) 12
+ 7

13) 12
+ 19

14) 14
+ 18

15) 9
+ 9

16) 13
+ 9

17) 11
+ 17

18) 18
+ 11

19) 17
+ 13

20) 16
+ 20

21) 8
+ 13

22) 15
+ 11

23) 12
+ 15

24) 20
+ 8

25) 16
+ 12

26) 8
+ 18

27) 11
+ 10

28) 8
+ 14

29) 17
+ 17

30) 8
+ 9

31) 6
+ 16

32) 20
+ 19

33) 20
+ 16

34) 6
+ 18

35) 9
+ 7

36) 19
+ 19

37) 18
+ 6

38) 13
+ 6

39) 7
+ 13

40) 10
+ 13

43

Name: _____   Date: _____

Time: _____ : _____   Score: _____ /40

1) 18
  + 12

2) 16
  + 17

3)   9
  + 17

4) 14
  + 18

5) 20
  + 7

6)   8
  + 8

7) 16
  + 9

8) 10
  + 18

9)   7
  + 14

10) 12
  + 18

11)   9
  + 8

12)   6
  + 9

13) 15
  + 13

14) 13
  + 13

15) 10
  + 11

16) 14
  + 8

17) 10
  + 9

18) 17
  + 15

19) 13
  + 9

20)   9
  + 6

21) 16
  + 10

22) 19
  + 9

23) 20
  + 18

24) 12
  + 6

25) 16
  + 14

26) 17
  + 6

27)   9
  + 11

28)   5
  + 19

29) 19
  + 14

30) 15
  + 7

31) 13
  + 18

32) 17
  + 17

33) 10
  + 5

34) 20
  + 14

35) 15
  + 6

36) 18
  + 17

37) 11
  + 12

38) 19
  + 13

39) 12
  + 16

40) 12
  + 17

Adding 0-20: Part 4

Name: _____ Date: _____

Time: _____ : _____ Score: _____ /40

1) 11
  + 11

2) 9
  + 9

3) 19
  + 10

4) 19
  + 15

5) 19
  + 12

6) 11
  + 19

7) 7
  + 8

8) 11
  + 8

9) 13
  + 5

10) 18
  + 10

11) 10
  + 15

12) 13
  + 16

13) 18
  + 5

14) 15
  + 13

15) 17
  + 10

16) 16
  + 13

17) 14
  + 20

18) 17
  + 19

19) 20
  + 9

20) 9
  + 8

21) 6
  + 10

22) 14
  + 9

23) 15
  + 16

24) 15
  + 8

25) 14
  + 8

26) 16
  + 14

27) 9
  + 16

28) 18
  + 13

29) 15
  + 11

30) 19
  + 14

31) 16
  + 18

32) 10
  + 7

33) 8
  + 9

34) 16
  + 15

35) 10
  + 13

36) 18
  + 14

37) 17
  + 20

38) 16
  + 6

39) 7
  + 12

40) 13
  + 15

Name: _____ Date: _____

Time: _____ : _____ Score: _____ /40

1) 16
  + 16

2) 15
  + 8

3)   5
  + 15

4) 14
  + 12

5) 11
  + 13

6) 16
  + 11

7) 20
  + 16

8) 16
  + 6

9)   7
  + 12

10) 18
   + 8

11)   6
  + 13

12) 20
  + 17

13) 15
  + 13

14) 16
  + 8

15) 12
  + 17

16) 11
  + 18

17) 15
  + 17

18) 16
  + 18

19) 19
  + 16

20) 16
  + 15

21) 15
  + 16

22) 12
  + 12

23) 13
  + 16

24) 15
  + 9

25) 18
  + 12

26)   6
  + 12

27) 16
  + 17

28) 18
  + 18

29) 17
  + 18

30)   8
  + 19

31) 19
  + 9

32) 11
  + 8

33)   5
  + 10

34)   9
  + 9

35) 14
  + 6

36) 12
  + 11

37) 10
  + 7

38) 12
  + 15

39)   7
  + 8

40) 20
  + 9

Adding 0-20: Part 6

Name: _____   Date: _____

Time: _____ : _____   Score: _____ /40

1)   7
  + 13

2)   19
  + 8

3)   12
  + 7

4)   6
  + 13

5)   14
  + 11

6)   10
  + 17

7)   13
  + 9

8)   9
  + 6

9)   16
  + 8

10)   11
  + 10

11)   15
  + 17

12)   16
  + 6

13)   19
  + 5

14)   19
  + 18

15)   12
  + 9

16)   14
  + 6

17)   7
  + 8

18)   14
  + 12

19)   16
  + 11

20)   6
  + 11

21)   15
  + 19

22)   13
  + 17

23)   19
  + 11

24)   6
  + 12

25)   19
  + 19

26)   18
  + 11

27)   17
  + 19

28)   9
  + 11

29)   8
  + 8

30)   6
  + 10

31)   17
  + 9

32)   15
  + 10

33)   10
  + 10

34)   15
  + 16

35)   9
  + 19

36)   16
  + 18

37)   19
  + 6

38)   8
  + 7

39)   10
  + 8

40)   7
  + 14

Name: _____ Date: _____

Time: _____ : _____ Score: _____ /40

1)   14
   + 18

2)   12
   + 17

3)   19
   + 12

4)   17
   + 7

5)   18
   + 9

6)   6
   + 16

7)   18
   + 16

8)   19
   + 19

9)   9
   + 18

10)   5
   + 10

11)   14
   + 17

12)   18
   + 19

13)   20
   + 14

14)   13
   + 18

15)   20
   + 17

16)   17
   + 17

17)   17
   + 11

18)   6
   + 15

19)   18
   + 6

20)   10
   + 11

21)   15
   + 11

22)   13
   + 17

23)   19
   + 5

24)   6
   + 14

25)   14
   + 16

26)   19
   + 13

27)   19
   + 17

28)   16
   + 6

29)   20
   + 7

30)   8
   + 18

31)   17
   + 10

32)   12
   + 13

33)   14
   + 14

34)   19
   + 7

35)   7
   + 8

36)   5
   + 11

37)   14
   + 15

38)   16
   + 19

39)   7
   + 17

40)   16
   + 10

Adding 0-20: Part 8

Name: _____   Date: _____

Time: _____ : _____   Score: _____ /40

1) 19
  + 10

2) 9
  + 7

3) 13
  + 20

4) 10
  + 10

5) 9
  + 19

6) 9
  + 14

7) 7
  + 18

8) 11
  + 9

9) 16
  + 13

10) 7
  + 15

11) 16
  + 7

12) 6
  + 14

13) 15
  + 7

14) 13
  + 15

15) 10
  + 7

16) 7
  + 16

17) 16
  + 14

18) 19
  + 15

19) 15
  + 19

20) 18
  + 15

21) 10
  + 17

22) 10
  + 12

23) 18
  + 14

24) 14
  + 7

25) 17
  + 7

26) 9
  + 15

27) 13
  + 11

28) 12
  + 14

29) 17
  + 13

30) 18
  + 13

31) 19
  + 16

32) 7
  + 17

33) 5
  + 17

34) 9
  + 11

35) 9
  + 18

36) 17
  + 6

37) 17
  + 16

38) 13
  + 6

39) 19
  + 14

40) 11
  + 12

Name: _____ Date: _____

Time: _____ : _____ Score: _____ /40

1) 12
   + 12

2) 19
   + 6

3) 14
   + 15

4) 9
   + 20

5) 5
   + 19

6) 13
   + 16

7) 15
   + 13

8) 6
   + 13

9) 8
   + 15

10) 8
    + 8

11) 7
    + 16

12) 12
    + 15

13) 18
    + 16

14) 16
    + 19

15) 15
    + 19

16) 11
    + 19

17) 16
    + 13

18) 16
    + 7

19) 5
    + 13

20) 16
    + 15

21) 7
    + 17

22) 15
    + 9

23) 15
    + 12

24) 17
    + 8

25) 9
    + 10

26) 10
    + 7

27) 13
    + 19

28) 17
    + 13

29) 9
    + 7

30) 18
    + 12

31) 6
    + 16

32) 17
    + 19

33) 16
    + 6

34) 15
    + 15

35) 6
    + 19

36) 13
    + 6

37) 6
    + 12

38) 9
    + 14

39) 10
    + 12

40) 15
    + 6

Name: _____   Date: _____

Time: _____ : _____   Score: _____ /40

1)   11
   + 18

2)   15
   + 18

3)   12
   + 7

4)   12
   + 12

5)   20
   + 13

6)   18
   + 14

7)   20
   + 6

8)   8
   + 15

9)   13
   + 10

10)   12
    + 15

11)   5
    + 13

12)   16
    + 13

13)   6
    + 19

14)   11
    + 13

15)   17
    + 17

16)   5
    + 10

17)   8
    + 20

18)   9
    + 9

19)   8
    + 8

20)   9
    + 20

21)   17
    + 10

22)   12
    + 13

23)   14
    + 19

24)   18
    + 18

25)   16
    + 14

26)   12
    + 6

27)   7
    + 18

28)   17
    + 13

29)   16
    + 18

30)   12
    + 16

31)   16
    + 6

32)   14
    + 14

33)   18
    + 8

34)   12
    + 9

35)   8
    + 9

36)   11
    + 6

37)   16
    + 12

38)   6
    + 13

39)   10
    + 11

40)   16
    + 8

Adding 0-20: Part 11

Name: _____   Date: _____

Time: _____ : _____   Score: _____ /40

1)   10
   + 10

2)   17
   + 13

3)   16
   + 5

4)   13
   + 15

5)   18
   + 15

6)   14
   + 11

7)   10
   + 7

8)   17
   + 7

9)   16
   + 7

10)   9
   + 7

11)   9
   + 9

12)   12
   + 8

13)   8
   + 8

14)   19
   + 5

15)   16
   + 10

16)   9
   + 6

17)   15
   + 18

18)   12
   + 15

19)   13
   + 12

20)   16
   + 11

21)   15
   + 17

22)   12
   + 20

23)   10
   + 9

24)   8
   + 14

25)   6
   + 13

26)   17
   + 10

27)   20
   + 9

28)   17
   + 16

29)   12
   + 18

30)   15
   + 15

31)   14
   + 17

32)   13
   + 16

33)   8
   + 7

34)   16
   + 20

35)   19
   + 9

36)   12
   + 9

37)   18
   + 6

38)   17
   + 19

39)   17
   + 8

40)   17
   + 18

Name: _____   Date: _____

Time: _____ : _____   Score: _____ /40

1) 12
  + 9

2)   9
  + 9

3) 14
  + 5

4) 16
  + 10

5)   6
  + 11

6) 13
  + 7

7) 14
  + 6

8)   9
  + 14

9)   7
  + 15

10) 18
  + 6

11) 19
  + 7

12) 18
  + 9

13) 11
  + 19

14)   8
  + 17

15) 16
  + 14

16)   8
  + 11

17) 13
  + 6

18) 20
  + 8

19) 18
  + 13

20) 11
  + 15

21)   9
  + 15

22) 17
  + 19

23) 11
  + 16

24)   7
  + 10

25) 15
  + 9

26)   7
  + 11

27) 10
  + 7

28) 10
  + 9

29) 14
  + 17

30)   7
  + 8

31) 15
  + 19

32) 11
  + 6

33) 18
  + 18

34)   5
  + 20

35) 17
  + 10

36) 13
  + 13

37) 13
  + 12

38) 16
  + 11

39) 19
  + 13

40) 11
  + 17

53

Name: _____   Date: _____

Time: _____ : _____   Score: _____ /40

1)   19
   + 13

2)   10
   + 13

3)   20
   + 17

4)   12
   + 20

5)   17
   + 14

6)   13
   + 8

7)   5
   + 14

8)   6
   + 20

9)   7
   + 14

10)   17
    + 16

11)   14
    + 16

12)   10
    + 10

13)   16
    + 6

14)   18
    + 8

15)   11
    + 17

16)   16
    + 16

17)   7
    + 20

18)   14
    + 9

19)   18
    + 19

20)   16
    + 18

21)   18
    + 5

22)   20
    + 18

23)   13
    + 15

24)   17
    + 18

25)   19
    + 14

26)   9
    + 15

27)   16
    + 12

28)   9
    + 16

29)   16
    + 10

30)   17
    + 8

31)   8
    + 11

32)   13
    + 19

33)   18
    + 13

34)   19
    + 15

35)   20
    + 12

36)   12
    + 6

37)   11
    + 13

38)   19
    + 16

39)   9
    + 7

40)   13
    + 12

Name: _____   Date: _____

Time: _____ : _____   Score: _____ /40

1) 11
    + 17

2) 17
    + 18

3) 9
    + 11

4) 6
    + 13

5) 14
    + 15

6) 12
    + 20

7) 13
    + 16

8) 9
    + 15

9) 15
    + 14

10) 19
    + 16

11) 12
    + 16

12) 11
    + 9

13) 12
    + 14

14) 9
    + 7

15) 8
    + 8

16) 16
    + 12

17) 18
    + 5

18) 10
    + 10

19) 17
    + 14

20) 7
    + 17

21) 12
    + 11

22) 16
    + 15

23) 14
    + 14

24) 12
    + 7

25) 16
    + 20

26) 6
    + 19

27) 18
    + 15

28) 7
    + 15

29) 11
    + 15

30) 7
    + 19

31) 19
    + 19

32) 7
    + 13

33) 11
    + 19

34) 18
    + 6

35) 9
    + 6

36) 5
    + 16

37) 15
    + 18

38) 10
    + 9

39) 15
    + 8

40) 19
    + 15

Name: _____   Date: _____

Time: _____ : _____   Score: _____ /40

1)   20
   + 15

2)   20
   + 5

3)   11
   + 7

4)   11
   + 14

5)   9
   + 19

6)   17
   + 19

7)   10
   + 16

8)   18
   + 14

9)   19
   + 5

10)   7
   + 14

11)   10
   + 13

12)   10
   + 6

13)   16
   + 12

14)   8
   + 12

15)   7
   + 15

16)   5
   + 20

17)   16
   + 18

18)   7
   + 13

19)   14
   + 5

20)   19
   + 8

21)   18
   + 10

22)   15
   + 18

23)   10
   + 7

24)   8
   + 18

25)   13
   + 11

26)   16
   + 9

27)   18
   + 15

28)   18
   + 17

29)   17
   + 7

30)   18
   + 6

31)   12
   + 11

32)   14
   + 10

33)   5
   + 19

34)   6
   + 19

35)   16
   + 19

36)   11
   + 15

37)   12
   + 18

38)   10
   + 9

39)   17
   + 6

40)   11
   + 10

Name: _____   Date: _____

Time: _____ : _____   Score: _____   /40

1) 14
  + 16

2) 11
  + 11

3) 18
  + 18

4) 11
  + 8

5) 14
  + 12

6) 10
  + 20

7)   7
  + 17

8) 16
  + 12

9) 17
  + 15

10) 12
   + 7

11) 17
   + 14

12) 13
   + 20

13) 15
   + 5

14) 19
   + 10

15) 15
   + 7

16)   9
   + 8

17)   6
   + 19

18) 10
   + 6

19)   9
   + 20

20) 14
   + 9

21)   8
   + 10

22) 15
   + 18

23) 11
   + 17

24) 13
   + 19

25)   7
   + 15

26) 19
   + 20

27)   7
   + 11

28) 16
   + 17

29) 18
   + 6

30) 13
   + 12

31)   9
   + 7

32) 18
   + 20

33)   7
   + 16

34) 12
   + 12

35) 13
   + 13

36) 17
   + 9

37) 19
   + 19

38) 14
   + 10

39)   6
   + 11

40)   9
   + 6

Name: _____   Date: _____

Time: _____ : _____   Score: _____ /40

1)   17
   + 18

2)   16
   + 16

3)   17
   + 16

4)   19
   + 10

5)   9
   + 16

6)   18
   + 11

7)   9
   + 18

8)   14
   + 7

9)   19
   + 9

10)   11
   + 7

11)   16
   + 18

12)   5
   + 20

13)   19
   + 12

14)   14
   + 12

15)   11
   + 11

16)   9
   + 7

17)   13
   + 14

18)   18
   + 19

19)   14
   + 16

20)   18
   + 17

21)   10
   + 7

22)   6
   + 15

23)   8
   + 18

24)   6
   + 17

25)   19
   + 14

26)   13
   + 15

27)   17
   + 12

28)   15
   + 17

29)   11
   + 12

30)   10
   + 5

31)   10
   + 10

32)   8
   + 8

33)   11
   + 14

34)   17
   + 14

35)   17
   + 10

36)   17
   + 6

37)   12
   + 17

38)   12
   + 16

39)   14
   + 19

40)   11
   + 19

Name: _____   Date: _____

Time: _____ : _____   Score: _____ /40

1) 17
  + 8

2) 17
  + 16

3) 12
  + 12

4)   9
  + 18

5) 10
  + 11

6) 12
  + 14

7)   6
  + 17

8) 18
  + 18

9) 16
  + 8

10) 11
   + 9

11)   8
   + 7

12) 13
   + 7

13) 11
   + 8

14) 12
   + 20

15) 15
   + 16

16) 13
   + 14

17) 17
   + 18

18) 13
   + 10

19)   9
   + 13

20) 14
   + 11

21)   9
   + 16

22) 12
   + 18

23) 10
   + 17

24) 12
   + 10

25) 15
   + 6

26) 13
   + 8

27)   6
   + 15

28)   7
   + 10

29) 12
   + 11

30) 16
   + 16

31)   7
   + 13

32)   9
   + 11

33) 19
   + 18

34) 14
   + 17

35) 18
   + 17

36) 18
   + 13

37) 16
   + 7

38)   9
   + 15

39)   7
   + 9

40) 13
   + 6

Name: _____ Date: _____

Time: _____ : _____ Score: _____ /40

1)   17
   + 20

2)   17
   + 10

3)   18
   + 6

4)   16
   + 9

5)   7
   + 20

6)   13
   + 12

7)   15
   + 8

8)   9
   + 9

9)   8
   + 16

10)   11
   + 20

11)   8
   + 14

12)   17
   + 19

13)   7
   + 19

14)   17
   + 18

15)   14
   + 5

16)   9
   + 13

17)   12
   + 18

18)   7
   + 17

19)   14
   + 12

20)   17
   + 6

21)   8
   + 7

22)   13
   + 6

23)   8
   + 17

24)   15
   + 14

25)   17
   + 12

26)   18
   + 8

27)   8
   + 18

28)   8
   + 19

29)   9
   + 18

30)   16
   + 6

31)   18
   + 11

32)   17
   + 11

33)   7
   + 11

34)   6
   + 19

35)   11
   + 15

36)   11
   + 6

37)   17
   + 5

38)   9
   + 20

39)   9
   + 15

40)   13
   + 17

Name: _____   Date: _____

Time: _____ : _____   Score: _____ /40

1) 15
  + 9

2) 17
  + 9

3) 11
  + 9

4) 8
  + 16

5) 13
  + 18

6) 9
  + 18

7) 14
  + 20

8) 12
  + 8

9) 17
  + 11

10) 12
  + 20

11) 10
  + 14

12) 9
  + 6

13) 9
  + 12

14) 14
  + 12

15) 12
  + 13

16) 13
  + 19

17) 19
  + 20

18) 18
  + 13

19) 20
  + 12

20) 8
  + 13

21) 8
  + 20

22) 19
  + 19

23) 17
  + 12

24) 6
  + 13

25) 7
  + 12

26) 19
  + 16

27) 19
  + 8

28) 20
  + 10

29) 20
  + 16

30) 7
  + 13

31) 10
  + 10

32) 19
  + 14

33) 7
  + 19

34) 7
  + 14

35) 11
  + 6

36) 17
  + 17

37) 11
  + 10

38) 7
  + 10

39) 15
  + 8

40) 12
  + 19

Subtracting 0-20: Part 1

Name: _____ Date: _____

Time: _____ : _____ Score: _____ /40

1)   14
   -   1

2)   15
   - 11

3)   17
   -   0

4)   12
   -   7

5)   20
   - 12

6)   13
   -   5

7)   10
   -   6

8)   18
   - 17

9)   11
   -   8

10)   15
   -   7

11)   10
   -   5

12)   18
   -   8

13)   18
   -   2

14)   19
   - 19

15)   17
   -   4

16)   15
   -   9

17)   19
   - 17

18)   16
   - 11

19)   19
   -   2

20)   10
   -   3

21)   11
   -   2

22)   17
   -   8

23)   20
   - 20

24)   13
   -   3

25)   14
   - 10

26)   17
   - 14

27)   17
   - 15

28)   13
   -   1

29)   19
   - 12

30)   11
   -   3

31)   19
   - 15

32)   15
   -   2

33)   10
   -   1

34)   11
   - 11

35)   13
   - 11

36)   18
   -   5

37)   15
   - 13

38)   18
   - 13

39)   16
   - 15

40)   12
   -   8

Subtracting 0-20: Part 2

Name: _____   Date: _____

Time: _____ : _____   Score: _____ /40

1) 16
  - 14

2) 19
  - 5

3) 14
  - 8

4) 15
  - 3

5) 13
  - 0

6) 18
  - 8

7) 16
  - 6

8) 16
  - 7

9) 13
  - 1

10) 16
  - 13

11) 12
  - 4

12) 13
  - 7

13) 14
  - 1

14) 13
  - 11

15) 17
  - 8

16) 13
  - 3

17) 12
  - 3

18) 11
  - 4

19) 17
  - 5

20) 19
  - 8

21) 17
  - 11

22) 10
  - 4

23) 18
  - 11

24) 18
  - 4

25) 19
  - 13

26) 17
  - 4

27) 19
  - 6

28) 13
  - 8

29) 15
  - 11

30) 17
  - 9

31) 11
  - 6

32) 14
  - 13

33) 14
  - 4

34) 19
  - 15

35) 16
  - 10

36) 15
  - 15

37) 12
  - 8

38) 11
  - 5

39) 16
  - 11

40) 16
  - 2

Subtracting 0-20: Part 3

Name: _____   Date: _____

Time: _____ : _____   Score: _____ /40

1) 13
   - 8

2) 19
   - 12

3) 16
   - 1

4) 16
   - 15

5) 11
   - 8

6) 16
   - 10

7) 14
   - 2

8) 18
   - 8

9) 12
   - 8

10) 18
    - 10

11) 13
    - 4

12) 18
    - 14

13) 18
    - 18

14) 15
    - 7

15) 16
    - 5

16) 17
    - 3

17) 14
    - 4

18) 12
    - 9

19) 15
    - 1

20) 13
    - 10

21) 13
    - 2

22) 15
    - 11

23) 15
    - 8

24) 16
    - 13

25) 11
    - 3

26) 19
    - 1

27) 19
    - 18

28) 17
    - 16

29) 18
    - 2

30) 15
    - 3

31) 14
    - 12

32) 11
    - 4

33) 12
    - 1

34) 20
    - 2

35) 19
    - 4

36) 13
    - 0

37) 18
    - 1

38) 13
    - 3

39) 14
    - 10

40) 14
    - 8

Subtracting 0-20: Part 4

Name: _____

Date: _____

Time: _____ : _____

Score: _____ /40

1) 10
  - 7

2) 18
  - 4

3) 13
  - 2

4) 14
  - 2

5) 19
  - 16

6) 19
  - 6

7) 10
  - 6

8) 18
  - 7

9) 18
  - 1

10) 10
   - 2

11) 15
   - 8

12) 14
   - 6

13) 12
   - 9

14) 12
   - 2

15) 20
   - 11

16) 11
   - 11

17) 19
   - 14

18) 17
   - 2

19) 11
   - 4

20) 12
   - 1

21) 13
   - 9

22) 17
   - 7

23) 19
   - 10

24) 10
   - 9

25) 17
   - 12

26) 19
   - 8

27) 18
   - 17

28) 11
   - 6

29) 12
   - 4

30) 19
   - 5

31) 12
   - 5

32) 14
   - 4

33) 13
   - 6

34) 18
   - 18

35) 16
   - 11

36) 17
   - 6

37) 15
   - 4

38) 17
   - 11

39) 12
   - 11

40) 17
   - 3

65

Subtracting 0-20: Part 5

Name: _____   Date: _____

Time: _____ : _____   Score: _____ /40

1) 13 - 6	2) 13 - 8	3) 16 - 15	4) 14 - 8	5) 18 - 4
6) 11 - 5	7) 20 - 9	8) 10 - 10	9) 17 - 9	10) 12 - 8
11) 16 - 9	12) 12 - 7	13) 12 - 2	14) 10 - 9	15) 14 - 5
16) 19 - 2	17) 19 - 5	18) 18 - 18	19) 20 - 6	20) 15 - 2
21) 13 - 4	22) 15 - 1	23) 15 - 4	24) 17 - 11	25) 19 - 14
26) 14 - 13	27) 17 - 3	28) 15 - 13	29) 16 - 3	30) 17 - 16
31) 12 - 9	32) 14 - 1	33) 16 - 1	34) 16 - 14	35) 11 - 1
36) 19 - 13	37) 14 - 4	38) 19 - 12	39) 14 - 3	40) 13 - 2

Name: _____   Date: _____

Time: _____ : _____   Score: _____ /40

1) 15
   - 5

2) 11
   - 4

3) 16
   - 11

4) 11
   - 10

5) 14
   - 2

6) 17
   - 14

7) 11
   - 6

8) 10
   - 1

9) 20
   - 13

10) 17
   - 13

11) 16
   - 1

12) 14
   - 0

13) 12
   - 3

14) 13
   - 2

15) 12
   - 7

16) 14
   - 11

17) 15
   - 8

18) 11
   - 7

19) 18
   - 11

20) 12
   - 8

21) 12
   - 4

22) 13
   - 11

23) 19
   - 7

24) 20
   - 1

25) 14
   - 13

26) 20
   - 3

27) 16
   - 8

28) 16
   - 2

29) 19
   - 19

30) 19
   - 13

31) 19
   - 11

32) 10
   - 0

33) 17
   - 1

34) 13
   - 5

35) 19
   - 9

36) 17
   - 17

37) 18
   - 7

38) 14
   - 10

39) 12
   - 11

40) 12
   - 2

Name: _____ Date: _____

Time: _____ : _____   Score: _____ /40

1) 15 - 8	2) 12 - 10	3) 14 - 12	4) 17 - 5	5) 19 - 4
6) 18 - 15	7) 19 - 19	8) 17 - 6	9) 17 - 12	10) 18 - 17
11) 13 - 4	12) 19 - 18	13) 15 - 9	14) 11 - 0	15) 14 - 11
16) 14 - 13	17) 17 - 16	18) 20 - 6	19) 15 - 0	20) 13 - 10
21) 16 - 12	22) 11 - 8	23) 15 - 13	24) 18 - 4	25) 18 - 16
26) 17 - 1	27) 20 - 11	28) 12 - 11	29) 19 - 10	30) 14 - 1
31) 18 - 18	32) 13 - 5	33) 19 - 13	34) 13 - 7	35) 12 - 2
36) 14 - 9	37) 12 - 6	38) 11 - 4	39) 20 - 2	40) 18 - 1

Subtracting 0-20: Part 8

Name: _____   Date: _____

Time: _____ : _____   Score: _____ /40

1)   16
   - 2

2)   18
  - 15

3)   11
   - 9

4)   19
  - 17

5)   15
   - 0

6)   18
   - 1

7)   19
   - 4

8)   14
  - 10

9)   19
  - 18

10)   11
   - 6

11)   12
   - 4

12)   16
   - 5

13)   20
  - 14

14)   14
   - 1

15)   10
   - 4

16)   13
   - 9

17)   19
  - 10

18)   16
   - 7

19)   14
  - 11

20)   13
  - 11

21)   18
   - 5

22)   10
   - 1

23)   13
   - 5

24)   20
  - 11

25)   12
  - 10

26)   15
   - 6

27)   20
   - 7

28)   17
   - 4

29)   19
  - 12

30)   14
   - 7

31)   18
   - 7

32)   17
   - 5

33)   10
   - 8

34)   19
   - 3

35)   10
   - 9

36)   12
  - 12

37)   12
  - 11

38)   16
   - 4

39)   13
   - 6

40)   11
   - 1

Name: _____   Date: _____

Time: _____ : _____   Score: _____ /40

1) 14
   - 2

2) 16
   - 13

3) 18
   - 10

4) 20
   - 17

5) 19
   - 18

6) 11
   - 9

7) 18
   - 7

8) 11
   - 2

9) 17
   - 15

10) 18
    - 3

11) 19
    - 1

12) 10
    - 1

13) 13
    - 6

14) 18
    - 16

15) 12
    - 5

16) 16
    - 12

17) 19
    - 15

18) 14
    - 13

19) 18
    - 8

20) 17
    - 1

21) 16
    - 1

22) 16
    - 2

23) 12
    - 6

24) 13
    - 3

25) 12
    - 10

26) 15
    - 5

27) 11
    - 5

28) 15
    - 6

29) 17
    - 9

30) 13
    - 4

31) 20
    - 20

32) 10
    - 2

33) 14
    - 3

34) 12
    - 8

35) 15
    - 12

36) 15
    - 13

37) 11
    - 7

38) 10
    - 8

39) 12
    - 9

40) 19
    - 16

Subtracting 0-20: Part 10

Name: _____   Date: _____

Time: _____ : _____   Score: _____ /40

1) 13 − 13

2) 15 − 5

3) 11 − 0

4) 12 − 10

5) 14 − 5

6) 18 − 4

7) 11 − 8

8) 13 − 8

9) 12 − 6

10) 17 − 4

11) 10 − 3

12) 15 − 7

13) 18 − 3

14) 14 − 6

15) 17 − 3

16) 13 − 12

17) 17 − 12

18) 19 − 10

19) 11 − 7

20) 16 − 10

21) 11 − 1

22) 15 − 11

23) 19 − 0

24) 18 − 16

25) 14 − 1

26) 19 − 19

27) 15 − 0

28) 15 − 14

29) 16 − 13

30) 12 − 3

31) 11 − 10

32) 16 − 6

33) 18 − 15

34) 14 − 9

35) 17 − 9

36) 17 − 15

37) 13 − 10

38) 17 − 11

39) 15 − 10

40) 15 − 9

Name: _____   Date: _____

Time: _____ : _____   Score: _____ /40

1)   11
    - 1

2)   13
    - 4

3)   13
    - 2

4)   13
    - 8

5)   17
    - 8

6)   11
    - 2

7)   19
    - 4

8)   13
    - 5

9)   16
    - 6

10)   16
    - 3

11)   10
    - 10

12)   14
    - 11

13)   15
    - 12

14)   18
    - 9

15)   15
    - 14

16)   15
    - 5

17)   12
    - 3

18)   11
    - 11

19)   13
    - 6

20)   15
    - 9

21)   12
    - 10

22)   15
    - 10

23)   18
    - 3

24)   17
    - 4

25)   14
    - 5

26)   17
    - 9

27)   12
    - 9

28)   17
    - 11

29)   10
    - 0

30)   13
    - 7

31)   18
    - 10

32)   13
    - 10

33)   10
    - 6

34)   18
    - 4

35)   15
    - 13

36)   17
    - 17

37)   12
    - 1

38)   11
    - 8

39)   14
    - 6

40)   16
    - 12

Subtracting 0-20: Part 12

Name: _____ Date: _____

Time: _____ : _____ Score: _____ /40

1)   16
   - 1

2)   12
   - 6

3)   17
   - 5

4)   14
   - 2

5)   13
   - 5

6)   17
   - 8

7)   12
   - 2

8)   17
   - 4

9)   17
   - 3

10)   14
   - 13

11)   17
   - 14

12)   12
   - 7

13)   13
   - 0

14)   16
   - 10

15)   18
   - 0

16)   15
   - 14

17)   14
   - 4

18)   10
   - 5

19)   13
   - 7

20)   12
   - 9

21)   19
   - 12

22)   12
   - 3

23)   18
   - 3

24)   13
   - 9

25)   13
   - 4

26)   19
   - 13

27)   11
   - 8

28)   19
   - 14

29)   11
   - 7

30)   19
   - 10

31)   14
   - 9

32)   20
   - 0

33)   18
   - 2

34)   19
   - 4

35)   15
   - 1

36)   19
   - 8

37)   17
   - 9

38)   14
   - 14

39)   12
   - 5

40)   14
   - 1

Name: _____   Date: _____

Time: _____ : _____   Score: _____ /40

1) 17 − 10

2) 18 − 16

3) 15 − 4

4) 11 − 5

5) 16 − 1

6) 16 − 5

7) 10 − 2

8) 13 − 7

9) 14 − 3

10) 17 − 8

11) 16 − 16

12) 12 − 2

13) 14 − 14

14) 13 − 6

15) 15 − 13

16) 19 − 4

17) 13 − 12

18) 15 − 9

19) 18 − 4

20) 15 − 2

21) 15 − 15

22) 10 − 4

23) 11 − 6

24) 16 − 12

25) 16 − 10

26) 17 − 5

27) 18 − 3

28) 15 − 11

29) 14 − 12

30) 18 − 2

31) 19 − 3

32) 19 − 19

33) 12 − 9

34) 17 − 0

35) 19 − 16

36) 14 − 13

37) 12 − 6

38) 16 − 11

39) 17 − 11

40) 12 − 1

Name: _____   Date: _____

Time: _____ : _____   Score: _____ /40

1) 13
  - 1

2) 13
  - 13

3) 17
  - 14

4) 13
  - 9

5) 19
  - 18

6) 11
  - 10

7) 17
  - 8

8) 15
  - 4

9) 12
  - 12

10) 19
  - 2

11) 12
  - 10

12) 14
  - 0

13) 15
  - 9

14) 10
  - 0

15) 20
  - 20

16) 17
  - 1

17) 14
  - 7

18) 11
  - 3

19) 17
  - 15

20) 13
  - 11

21) 20
  - 6

22) 10
  - 5

23) 18
  - 16

24) 14
  - 3

25) 16
  - 16

26) 17
  - 4

27) 15
  - 1

28) 16
  - 7

29) 16
  - 14

30) 20
  - 3

31) 12
  - 8

32) 11
  - 11

33) 12
  - 11

34) 12
  - 1

35) 18
  - 6

36) 18
  - 1

37) 10
  - 10

38) 18
  - 7

39) 14
  - 12

40) 17
  - 6

Name: _____ Date: _____

Time: _____ : _____ Score: _____ /40

1) 12
  - 7

2) 18
  - 17

3) 11
  - 8

4) 17
  - 3

5) 16
  - 10

6) 16
  - 0

7) 18
  - 6

8) 19
  - 16

9) 15
  - 0

10) 13
   - 2

11) 17
   - 5

12) 14
   - 0

13) 18
   - 8

14) 19
   - 13

15) 11
   - 9

16) 18
   - 12

17) 13
   - 9

18) 12
   - 10

19) 17
   - 4

20) 12
   - 11

21) 19
   - 1

22) 17
   - 0

23) 20
   - 16

24) 17
   - 15

25) 20
   - 6

26) 16
   - 14

27) 18
   - 0

28) 18
   - 16

29) 17
   - 2

30) 11
   - 0

31) 11
   - 3

32) 14
   - 10

33) 13
   - 11

34) 14
   - 2

35) 20
   - 4

36) 19
   - 10

37) 18
   - 3

38) 11
   - 4

39) 11
   - 6

40) 11
   - 10

Name: _____   Date: _____

Time: _____ : _____   Score: _____ /40

1) 14 - 4

2) 15 - 3

3) 11 - 3

4) 13 - 1

5) 19 - 4

6) 14 - 12

7) 12 - 6

8) 19 - 3

9) 11 - 8

10) 17 - 12

11) 19 - 17

12) 14 - 7

13) 14 - 9

14) 14 - 1

15) 17 - 0

16) 17 - 13

17) 12 - 9

18) 14 - 10

19) 12 - 10

20) 13 - 12

21) 19 - 2

22) 18 - 7

23) 13 - 6

24) 12 - 0

25) 18 - 15

26) 17 - 10

27) 19 - 18

28) 17 - 15

29) 19 - 12

30) 15 - 6

31) 11 - 5

32) 13 - 2

33) 15 - 13

34) 15 - 14

35) 19 - 5

36) 17 - 2

37) 11 - 7

38) 19 - 13

39) 19 - 9

40) 10 - 3

Subtracting 0-20: Part 17

Name: _____ Date: _____

Time: _____ : _____ Score: _____ /40

1) 18 - 9

2) 12 - 2

3) 12 - 0

4) 12 - 3

5) 15 - 5

6) 20 - 5

7) 12 - 5

8) 15 - 11

9) 13 - 7

10) 13 - 11

11) 13 - 0

12) 12 - 10

13) 19 - 8

14) 15 - 4

15) 11 - 6

16) 11 - 10

17) 20 - 19

18) 18 - 5

19) 10 - 2

20) 16 - 14

21) 16 - 15

22) 17 - 1

23) 16 - 0

24) 17 - 2

25) 16 - 2

26) 15 - 12

27) 10 - 8

28) 14 - 6

29) 12 - 9

30) 15 - 14

31) 13 - 1

32) 13 - 4

33) 16 - 4

34) 20 - 8

35) 12 - 11

36) 14 - 8

37) 16 - 16

38) 14 - 2

39) 19 - 18

40) 19 - 12

Subtracting 0-20: Part 18

Name: _____   Date: _____

Time: _____ : _____   Score: _____ /40

1) 13
  - 8

2) 12
  - 7

3) 12
  - 1

4) 15
  - 8

5) 19
  - 6

6) 16
  - 4

7) 14
  - 9

8) 14
  - 8

9) 14
  - 5

10) 18
   - 9

11) 18
   - 10

12) 11
   - 4

13) 12
   - 11

14) 11
   - 10

15) 12
   - 0

16) 19
   - 11

17) 11
   - 9

18) 17
   - 4

19) 16
   - 7

20) 14
   - 6

21) 15
   - 1

22) 12
   - 8

23) 16
   - 10

24) 18
   - 12

25) 13
   - 12

26) 17
   - 14

27) 20
   - 3

28) 12
   - 9

29) 11
   - 5

30) 16
   - 2

31) 20
   - 8

32) 10
   - 4

33) 10
   - 3

34) 17
   - 9

35) 17
   - 5

36) 13
   - 1

37) 18
   - 8

38) 17
   - 2

39) 13
   - 6

40) 11
   - 6

Name: _____   Date: _____

Time: _____ : _____   Score: _____ /40

1) 13 - 10	2) 14 - 7	3) 14 - 1	4) 13 - 4	5) 18 - 15
6) 18 - 14	7) 11 - 3	8) 17 - 7	9) 18 - 4	10) 17 - 6
11) 18 - 5	12) 13 - 5	13) 10 - 3	14) 12 - 5	15) 15 - 11
16) 11 - 5	17) 15 - 1	18) 13 - 7	19) 14 - 10	20) 11 - 0
21) 17 - 1	22) 14 - 14	23) 19 - 15	24) 18 - 1	25) 12 - 1
26) 12 - 12	27) 10 - 10	28) 11 - 4	29) 17 - 10	30) 19 - 11
31) 18 - 12	32) 10 - 0	33) 14 - 6	34) 10 - 4	35) 19 - 0
36) 16 - 13	37) 14 - 11	38) 17 - 3	39) 13 - 2	40) 11 - 1

Name: _____ Date: _____

Time: _____ : _____ Score: _____ /40

1)   19
  - 17

2)   14
  - 9

3)   14
  - 10

4)   15
  - 10

5)   14
  - 13

6)   13
  - 12

7)   14
  - 6

8)   17
  - 11

9)   13
  - 0

10)   10
  - 7

11)   11
  - 4

12)   19
  - 10

13)   19
  - 7

14)   17
  - 1

15)   10
  - 2

16)   16
  - 7

17)   18
  - 12

18)   17
  - 9

19)   19
  - 1

20)   18
  - 3

21)   17
  - 4

22)   18
  - 15

23)   15
  - 2

24)   14
  - 7

25)   15
  - 12

26)   14
  - 2

27)   14
  - 11

28)   20
  - 18

29)   18
  - 1

30)   10
  - 4

31)   16
  - 3

32)   13
  - 11

33)   11
  - 9

34)   17
  - 2

35)   12
  - 10

36)   10
  - 9

37)   16
  - 1

38)   10
  - 8

39)   20
  - 5

40)   16
  - 4

Name: _____   Date: _____

Time: _____ : _____   Score: _____ /40

1)   5
  - 1

2)   13
 - 12

3)   4
 - 2

4)   18
 - 4

5)   19
 + 3

6)   17
 + 10

7)   11
 + 6

8)   13
 + 6

9)   8
 + 9

10)   2
 - 0

11) 18
 + 20

12)   9
 - 7

13) 12
 + 13

14) 10
 + 13

15)   5
 + 1

16)   0
 - 0

17)   3
 + 12

18) 18
 - 17

19)   5
 + 18

20)   3
 + 1

21)   5
 - 5

22) 17
 + 4

23) 11
 + 13

24)   4
 + 8

25) 14
 - 1

26)   6
 - 5

27)   6
 - 2

28) 20
 + 7

29)   8
 + 13

30) 15
 - 8

31) 11
 - 9

32)   7
 + 2

33) 18
 + 7

34) 20
 - 7

35) 16
 - 15

36) 19
 - 9

37) 15
 - 5

38) 13
 - 1

39) 19
 + 5

40) 17
 - 16

Name: _____   Date: _____

Time: _____ : _____   Score: _____ /40

1)	10 + 13	2)	3 + 1	3)	19 - 9	4)	13 + 6	5)	7 + 2
6)	16 - 15	7)	13 - 12	8)	4 + 8	9)	20 + 7	10)	11 + 6
11)	3 + 12	12)	9 - 7	13)	8 + 9	14)	18 - 4	15)	8 + 13
16)	5 - 5	17)	12 + 13	18)	2 - 0	19)	18 + 20	20)	11 + 13
21)	5 + 1	22)	0 - 0	23)	15 - 5	24)	6 - 2	25)	20 - 7
26)	15 - 8	27)	5 + 18	28)	19 + 3	29)	17 - 16	30)	17 + 10
31)	6 - 5	32)	18 + 7	33)	19 + 5	34)	13 - 1	35)	11 - 9
36)	18 - 17	37)	14 - 1	38)	5 - 1	39)	17 + 4	40)	4 - 2

Mixed Questions 0-20: Part 3

Name: _____   Date: _____

Time: _____ : _____   Score: _____ /40

1)   15
  - 8

2)   7
  + 2

3)   2
  - 0

4)   11
  + 6

5)   4
  + 8

6)   3
  + 1

7)   11
  + 13

8)   15
  - 5

9)   5
  + 1

10)   8
  + 13

11)   5
  - 5

12)   9
  - 7

13)   20
  + 7

14)   0
  - 0

15)   16
  - 15

16)   19
  - 9

17)   12
  + 13

18)   20
  - 7

19)   19
  + 3

20)   17
  + 10

21)   18
  - 4

22)   18
  + 7

23)   14
  - 1

24)   6
  - 5

25)   6
  - 2

26)   13
  - 1

27)   4
  - 2

28)   5
  - 1

29)   13
  - 12

30)   19
  + 5

31)   17
  + 4

32)   5
  + 18

33)   13
  + 6

34)   18
  + 20

35)   3
  + 12

36)   8
  + 9

37)   11
  - 9

38)   18
  - 17

39)   17
  - 16

40)   10
  + 13

Name: _____   Date: _____

Time: _____ : _____   Score: _____ /40

1) 5
  - 5

2) 4
  + 8

3) 11
  + 6

4) 19
  + 3

5) 19
  + 5

6) 6
  - 5

7) 9
  - 7

8) 12
  + 13

9) 6
  - 2

10) 2
   - 0

11) 5
   - 1

12) 18
   - 17

13) 14
   - 1

14) 18
   - 4

15) 8
   + 13

16) 5
   + 1

17) 13
   - 12

18) 17
   + 4

19) 3
   + 1

20) 13
   + 6

21) 5
   + 18

22) 16
   - 15

23) 17
   - 16

24) 15
   - 5

25) 10
   + 13

26) 7
   + 2

27) 11
   - 9

28) 0
   - 0

29) 15
   - 8

30) 19
   - 9

31) 4
   - 2

32) 11
   + 13

33) 13
   - 1

34) 3
   + 12

35) 18
   + 7

36) 17
   + 10

37) 18
   + 20

38) 8
   + 9

39) 20
   + 7

40) 20
   - 7

Name: _____   Date: _____

Time: _____ : _____   Score: _____ /40

1) 13
+ 6

2) 5
+ 1

3) 15
- 5

4) 18
- 17

5) 5
- 1

6) 5
+ 18

7) 12
+ 13

8) 19
+ 3

9) 20
+ 7

10) 17
+ 10

11) 0
- 0

12) 6
- 5

13) 18
- 4

14) 18
+ 7

15) 8
+ 13

16) 17
- 16

17) 13
- 1

18) 11
+ 6

19) 18
+ 20

20) 9
- 7

21) 19
- 9

22) 10
+ 13

23) 13
- 12

24) 6
- 2

25) 4
+ 8

26) 19
+ 5

27) 11
+ 13

28) 14
- 1

29) 7
+ 2

30) 3
+ 1

31) 4
- 2

32) 5
- 5

33) 20
- 7

34) 11
- 9

35) 8
+ 9

36) 2
- 0

37) 17
+ 4

38) 3
+ 12

39) 16
- 15

40) 15
- 8

Name: _____   Date: _____

Time: _____ : _____   Score: _____ /40

1)   6
   - 2
   ‾‾‾

2)   19
   + 5
   ‾‾‾

3)   20
   + 7
   ‾‾‾

4)   8
   + 13
   ‾‾‾

5)   15
   - 8
   ‾‾‾

6)   18
   + 7
   ‾‾‾

7)   17
   - 16
   ‾‾‾

8)   4
   + 8
   ‾‾‾

9)   5
   + 18
   ‾‾‾

10) 11
   + 13
   ‾‾‾

11) 19
   + 3
   ‾‾‾

12) 18
   - 4
   ‾‾‾

13) 15
   - 5
   ‾‾‾

14) 9
   - 7
   ‾‾‾

15) 11
   + 6
   ‾‾‾

16) 2
   - 0
   ‾‾‾

17) 8
   + 9
   ‾‾‾

18) 18
   + 20
   ‾‾‾

19) 13
   + 6
   ‾‾‾

20) 6
   - 5
   ‾‾‾

21) 5
   + 1
   ‾‾‾

22) 17
   + 4
   ‾‾‾

23) 13
   - 1
   ‾‾‾

24) 20
   - 7
   ‾‾‾

25) 3
   + 12
   ‾‾‾

26) 19
   - 9
   ‾‾‾

27) 12
   + 13
   ‾‾‾

28) 17
   + 10
   ‾‾‾

29) 11
   - 9
   ‾‾‾

30) 14
   - 1
   ‾‾‾

31) 5
   - 1
   ‾‾‾

32) 18
   - 17
   ‾‾‾

33) 10
   + 13
   ‾‾‾

34) 4
   - 2
   ‾‾‾

35) 3
   + 1
   ‾‾‾

36) 5
   - 5
   ‾‾‾

37) 16
   - 15
   ‾‾‾

38) 0
   - 0
   ‾‾‾

39) 7
   + 2
   ‾‾‾

40) 13
   - 12
   ‾‾‾

Name: _____   Date: _____

Time: _____ : _____   Score: _____ /40

1)   8
  + 13

2)   19
  - 9

3)   19
  + 5

4)   13
  - 1

5)   7
  + 2

6)   6
  - 5

7)   3
  + 1

8)   18
  + 20

9)   17
  - 16

10)   5
  - 5

11)   4
  + 8

12)   15
  - 8

13)   17
  + 10

14)   16
  - 15

15)   11
  + 13

16)   12
  + 13

17)   13
  - 12

18)   10
  + 13

19)   2
  - 0

20)   5
  + 1

21)   5
  - 1

22)   11
  + 6

23)   15
  - 5

24)   13
  + 6

25)   20
  - 7

26)   3
  + 12

27)   9
  - 7

28)   19
  + 3

29)   18
  - 4

30)   8
  + 9

31)   14
  - 1

32)   18
  - 17

33)   0
  - 0

34)   6
  - 2

35)   4
  - 2

36)   20
  + 7

37)   5
  + 18

38)   17
  + 4

39)   11
  - 9

40)   18
  + 7

Name: _____   Date: _____

Time: _____ : _____   Score: _____ /40

1)   11
    + 13

2)   9
    - 7

3)   19
    + 3

4)   5
    - 1

5)   10
    + 13

6)   15
    - 8

7)   18
    - 17

8)   6
    - 2

9)   8
    + 13

10)   8
    + 9

11)   4
    + 8

12)   20
    - 7

13)   5
    + 18

14)   13
    - 1

15)   0
    - 0

16)   3
    + 1

17)   16
    - 15

18)   18
    - 4

19)   3
    + 12

20)   2
    - 0

21)   13
    - 12

22)   6
    - 5

23)   5
    + 1

24)   4
    - 2

25)   17
    + 4

26)   11
    - 9

27)   11
    + 6

28)   12
    + 13

29)   15
    - 5

30)   18
    + 7

31)   19
    - 9

32)   18
    + 20

33)   17
    + 10

34)   13
    + 6

35)   17
    - 16

36)   20
    + 7

37)   5
    - 5

38)   7
    + 2

39)   19
    + 5

40)   14
    - 1

Mixed Questions 0-20: Part 9

Name: _____   Date: _____

Time: _____ : _____   Score: _____ /40

1) $8 + 9$

2) $11 + 13$

3) $18 + 20$

4) $10 + 13$

5) $6 - 2$

6) $19 + 3$

7) $15 - 8$

8) $5 - 5$

9) $11 + 6$

10) $18 + 7$

11) $19 - 9$

12) $9 - 7$

13) $4 - 2$

14) $8 + 13$

15) $13 - 12$

16) $18 - 17$

17) $17 + 4$

18) $20 + 7$

19) $20 - 7$

20) $15 - 5$

21) $3 + 1$

22) $12 + 13$

23) $6 - 5$

24) $16 - 15$

25) $14 - 1$

26) $3 + 12$

27) $17 - 16$

28) $19 + 5$

29) $2 - 0$

30) $5 + 1$

31) $17 + 10$

32) $5 - 1$

33) $4 + 8$

34) $5 + 18$

35) $7 + 2$

36) $13 - 1$

37) $0 - 0$

38) $18 - 4$

39) $11 - 9$

40) $13 + 6$

Name: _____   Date: _____

Time: _____ : _____   Score: _____ /40

1)   9
  - 7

2)   18
 - 17

3)   5
  - 1

4)   18
 + 20

5)   20
 + 7

6)   14
 - 1

7)   10
 + 13

8)   4
 + 8

9)   2
 - 0

10)   0
  - 0

11)   12
 + 13

12)   15
 - 8

13)   5
 + 18

14)   19
 - 9

15)   11
 + 6

16)   13
 - 12

17)   19
 + 3

18)   5
 - 5

19)   13
 + 6

20)   6
 - 5

21)   11
 - 9

22)   5
 + 1

23)   17
 - 16

24)   17
 + 4

25)   6
 - 2

26)   11
 + 13

27)   13
 - 1

28)   3
 + 12

29)   7
 + 2

30)   18
 - 4

31)   8
 + 13

32)   19
 + 5

33)   16
 - 15

34)   18
 + 7

35)   15
 - 5

36)   4
 - 2

37)   3
 + 1

38)   17
 + 10

39)   8
 + 9

40)   20
 - 7

Name: _____ Date: _____

Time: _____ : _____ Score: _____ /40

1) 18
  - 4

2) 20
  + 7

3)   8
  + 9

4)   6
  - 2

5)   8
  + 13

6)   3
  + 1

7) 17
  + 10

8) 19
  + 5

9) 17
  - 16

10) 20
   - 7

11) 12
  + 13

12) 15
  - 5

13) 14
  - 1

14)   5
  - 5

15) 19
  + 3

16) 13
  + 6

17) 15
  - 8

18)   5
  + 18

19) 18
  - 17

20)   5
  - 1

21)   2
  - 0

22)   7
  + 2

23)   3
  + 12

24) 11
  + 13

25)   5
  + 1

26) 11
  - 9

27) 13
  - 12

28)   4
  + 8

29)   9
  - 7

30)   0
  - 0

31)   6
  - 5

32) 10
  + 13

33)   4
  - 2

34) 13
  - 1

35) 11
  + 6

36) 16
  - 15

37) 18
  + 7

38) 19
  - 9

39) 18
  + 20

40) 17
  + 4

Name: _____   Date: _____

Time: _____ : _____   Score: _____ /40

1)   10
   + 13

2)   6
   - 2

3)   13
   - 12

4)   4
   + 8

5)   17
   + 4

6)   18
   + 7

7)   5
   + 1

8)   19
   + 3

9)   16
   - 15

10)   19
   + 5

11)   17
   + 10

12)   7
   + 2

13)   12
   + 13

14)   15
   - 5

15)   20
   - 7

16)   20
   + 7

17)   3
   + 12

18)   6
   - 5

19)   11
   - 9

20)   19
   - 9

21)   8
   + 13

22)   13
   + 6

23)   15
   - 8

24)   0
   - 0

25)   5
   + 18

26)   18
   - 4

27)   18
   - 17

28)   3
   + 1

29)   14
   - 1

30)   2
   - 0

31)   17
   - 16

32)   11
   + 13

33)   5
   - 5

34)   5
   - 1

35)   18
   + 20

36)   4
   - 2

37)   8
   + 9

38)   11
   + 6

39)   13
   - 1

40)   9
   - 7

Name: _____ Date: _____

Time: _____ : _____ Score: _____ /40

1) 19 - 9	2) 19 + 3	3) 6 - 5	4) 4 - 2	5) 10 + 13
6) 3 + 12	7) 17 - 16	8) 11 + 6	9) 14 - 1	10) 12 + 13
11) 17 + 10	12) 17 + 4	13) 13 - 1	14) 20 + 7	15) 3 + 1
16) 20 - 7	17) 7 + 2	18) 8 + 9	19) 5 - 5	20) 11 - 9
21) 2 - 0	22) 13 + 6	23) 19 + 5	24) 18 + 20	25) 4 + 8
26) 18 - 4	27) 0 - 0	28) 18 - 17	29) 11 + 13	30) 16 - 15
31) 5 + 1	32) 13 - 12	33) 8 + 13	34) 15 - 8	35) 15 - 5
36) 9 - 7	37) 18 + 7	38) 6 - 2	39) 5 + 18	40) 5 - 1

Name: _____   Date: _____

Time: _____ : _____   Score: _____ /40

1) 10 + 13	2) 5 + 1	3) 11 - 9	4) 19 + 5	5) 3 + 12
6) 5 - 1	7) 18 + 7	8) 18 - 17	9) 18 + 20	10) 15 - 8
11) 11 + 13	12) 8 + 9	13) 17 - 16	14) 20 + 7	15) 5 + 18
16) 9 - 7	17) 11 + 6	18) 18 - 4	19) 7 + 2	20) 20 - 7
21) 8 + 13	22) 3 + 1	23) 19 - 9	24) 14 - 1	25) 6 - 2
26) 13 + 6	27) 6 - 5	28) 0 - 0	29) 2 - 0	30) 5 - 5
31) 17 + 4	32) 16 - 15	33) 19 + 3	34) 12 + 13	35) 15 - 5
36) 17 + 10	37) 13 - 1	38) 13 - 12	39) 4 - 2	40) 4 + 8

Mixed Questions 0-20: Part 15

Name: _____ Date: _____

Time: _____ : _____ Score: _____ /40

1) 6 − 2	2) 12 + 13	3) 5 + 18	4) 8 + 13	5) 3 + 1
6) 20 + 7	7) 11 + 13	8) 19 + 5	9) 17 + 4	10) 14 − 1
11) 19 + 3	12) 18 + 20	13) 15 − 5	14) 3 + 12	15) 19 − 9
16) 16 − 15	17) 2 − 0	18) 18 − 4	19) 11 + 6	20) 4 + 8
21) 7 + 2	22) 17 − 16	23) 4 − 2	24) 9 − 7	25) 5 − 1
26) 6 − 5	27) 13 − 1	28) 18 + 7	29) 15 − 8	30) 5 − 5
31) 0 − 0	32) 8 + 9	33) 13 + 6	34) 18 − 17	35) 13 − 12
36) 20 − 7	37) 17 + 10	38) 10 + 13	39) 5 + 1	40) 11 − 9

Name: _____ Date: _____

Time: _____ : _____ Score: _____ /40

1)   3
  + 12

2)   2
  - 0

3)   5
  + 18

4)   8
  + 13

5)   11
  - 9

6)   9
  - 7

7)   17
  + 10

8)   16
  - 15

9)   11
  + 13

10)   8
  + 9

11)   13
  - 1

12)   18
  - 17

13)   7
  + 2

14)   15
  - 8

15)   4
  - 2

16)   18
  + 20

17)   20
  - 7

18)   5
  - 1

19)   17
  + 4

20)   19
  + 5

21)   4
  + 8

22)   13
  - 12

23)   14
  - 1

24)   19
  + 3

25)   6
  - 2

26)   6
  - 5

27)   11
  + 6

28)   5
  - 5

29)   13
  + 6

30)   18
  + 7

31)   5
  + 1

32)   10
  + 13

33)   19
  - 9

34)   12
  + 13

35)   18
  - 4

36)   17
  - 16

37)   15
  - 5

38)   3
  + 1

39)   0
  - 0

40)   20
  + 7

Name: _____   Date: _____

Time: _____ : _____   Score: _____ /40

1)
```
    8
+ 13
____
```

2)
```
   17
- 16
____
```

3)
```
    5
+ 18
____
```

4)
```
    5
+  1
____
```

5)
```
   20
-  7
____
```

6)
```
   11
-  9
____
```

7)
```
    0
-  0
____
```

8)
```
    6
-  5
____
```

9)
```
   19
+  3
____
```

10)
```
   18
-  4
____
```

11)
```
   17
+  4
____
```

12)
```
   19
-  9
____
```

13)
```
   13
-  1
____
```

14)
```
    3
+ 12
____
```

15)
```
    3
+  1
____
```

16)
```
    5
-  5
____
```

17)
```
    2
-  0
____
```

18)
```
    4
+  8
____
```

19)
```
   17
+ 10
____
```

20)
```
    8
+  9
____
```

21)
```
    9
-  7
____
```

22)
```
   15
-  5
____
```

23)
```
   19
+  5
____
```

24)
```
   16
- 15
____
```

25)
```
   13
+  6
____
```

26)
```
    6
-  2
____
```

27)
```
    4
-  2
____
```

28)
```
   15
-  8
____
```

29)
```
   14
-  1
____
```

30)
```
   11
+  6
____
```

31)
```
   11
+ 13
____
```

32)
```
   18
+  7
____
```

33)
```
   18
- 17
____
```

34)
```
   13
- 12
____
```

35)
```
   12
+ 13
____
```

36)
```
    5
-  1
____
```

37)
```
   10
+ 13
____
```

38)
```
   18
+ 20
____
```

39)
```
    7
+  2
____
```

40)
```
   20
+  7
____
```

Name: _____ Date: _____

Time: _____ : _____ Score: _____ /40

1) 5 − 5	2) 4 + 8	3) 18 + 20	4) 5 + 1	5) 0 − 0
6) 9 − 7	7) 3 + 1	8) 19 − 9	9) 19 + 3	10) 5 − 1
11) 17 + 4	12) 11 + 13	13) 8 + 13	14) 5 + 18	15) 13 − 12
16) 18 + 7	17) 13 + 6	18) 20 − 7	19) 6 − 5	20) 20 + 7
21) 10 + 13	22) 18 − 17	23) 6 − 2	24) 19 + 5	25) 17 + 10
26) 11 − 9	27) 15 − 5	28) 12 + 13	29) 15 − 8	30) 8 + 9
31) 3 + 12	32) 17 − 16	33) 16 − 15	34) 2 − 0	35) 18 − 4
36) 4 − 2	37) 13 − 1	38) 14 − 1	39) 7 + 2	40) 11 + 6

Name: _____   Date: _____

Time: _____ : _____   Score: _____ /40

1)   13
   - 1

2)   20
   - 7

3)   20
   + 7

4)   15
   - 8

5)   3
   + 12

6)   15
   - 5

7)   14
   - 1

8)   6
   - 5

9)   17
   + 10

10)   6
   - 2

11)   16
   - 15

12)   11
   + 6

13)   5
   + 1

14)   19
   - 9

15)   4
   + 8

16)   0
   - 0

17)   9
   - 7

18)   10
   + 13

19)   13
   - 12

20)   19
   + 5

21)   18
   - 17

22)   7
   + 2

23)   5
   - 5

24)   11
   - 9

25)   3
   + 1

26)   18
   - 4

27)   12
   + 13

28)   5
   - 1

29)   18
   + 20

30)   17
   + 4

31)   8
   + 9

32)   13
   + 6

33)   2
   - 0

34)   17
   - 16

35)   8
   + 13

36)   5
   + 18

37)   4
   - 2

38)   19
   + 3

39)   18
   + 7

40)   11
   + 13

Name: _____   Date: _____

Time: _____ : _____   Score: _____ /40

1) 10
  + 13

2) 18
  + 20

3)   6
  - 2

4)   4
  - 2

5) 14
  - 1

6) 19
  + 5

7)   2
  - 0

8)   9
  - 7

9)   0
  - 0

10)   5
   - 1

11)   3
   + 1

12) 17
   + 10

13) 11
   + 13

14)   7
   + 2

15) 13
   + 6

16)   5
   + 18

17) 15
   - 5

18)   3
   + 12

19) 11
   + 6

20) 20
   - 7

21)   4
   + 8

22) 11
   - 9

23)   8
   + 9

24) 19
   + 3

25)   8
   + 13

26)   5
   + 1

27) 12
   + 13

28) 15
   - 8

29)   6
   - 5

30)   5
   - 5

31) 17
   - 16

32) 17
   + 4

33) 19
   - 9

34) 20
   + 7

35) 13
   - 12

36) 18
   - 17

37) 18
   - 4

38) 13
   - 1

39) 16
   - 15

40) 18
   + 7

ANSWERS

Adding 0-5: Part 1

1) 4 2) 4 3) 2 4) 2 5) 2
6) 7 7) 5 8) 5 9) 1 10) 4
11) 4 12) 3 13) 3 14) 3 15) 6
16) 6 17) 6 18) 9 19) 6 20) 1
21) 5 22) 4 23) 9 24) 7 25) 3
26) 5 27) 8 28) 8 29) 8 30) 5
31) 7 32) 10 33) 5 34) 3 35) 6
36) 7 37) 4 38) 9 39) 1 40) 5

Adding 0-5: Part 2

1) 8 2) 3 3) 2 4) 8 5) 6
6) 5 7) 4 8) 3 9) 7 10) 6
11) 6 12) 7 13) 3 14) 5 15) 4
16) 9 17) 2 18) 5 19) 6 20) 3
21) 7 22) 1 23) 4 24) 7 25) 5
26) 5 27) 10 28) 6 29) 9 30) 1
31) 4 32) 2 33) 8 34) 4 35) 5
36) 5 37) 7 38) 3 39) 6 40) 4

Adding 0-5: Part 3

1) 6 2) 2 3) 4 4) 5 5) 6
6) 4 7) 4 8) 3 9) 5 10) 9
11) 3 12) 5 13) 8 14) 5 15) 5
16) 6 17) 7 18) 2 19) 3 20) 6
21) 7 22) 8 23) 3 24) 7 25) 1
26) 4 27) 1 28) 8 29) 9 30) 7
31) 10 32) 4 33) 2 34) 6 35) 5
36) 4 37) 7 38) 6 39) 2 40) 4

Adding 0-5: Part 4

1) 4 2) 6 3) 1 4) 2 5) 3
6) 4 7) 3 8) 1 9) 4 10) 5
11) 3 12) 5 13) 5 14) 2 15) 9
16) 7 17) 7 18) 6 19) 8 20) 4
21) 6 22) 5 23) 8 24) 5 25) 7
26) 6 27) 6 28) 8 29) 7 30) 4
31) 2 32) 5 33) 2 34) 9 35) 3
36) 5 37) 4 38) 7 39) 10 40) 7

Adding 0-5: Part 5

1) 4 2) 4 3) 10 4) 6 5) 6
6) 5 7) 2 8) 7 9) 9 10) 5
11) 3 12) 7 13) 5 14) 6 15) 2
16) 4 17) 8 18) 7 19) 4 20) 6
21) 8 22) 6 23) 5 24) 2 25) 1
26) 9 27) 1 28) 7 29) 3 30) 8
31) 5 32) 3 33) 4 34) 3 35) 5
36) 5 37) 4 38) 5 39) 4 40) 4

Adding 0-5: Part 6

1) 6 2) 6 3) 8 4) 7 5) 5
6) 6 7) 2 8) 2 9) 4 10) 4
11) 7 12) 5 13) 3 14) 1 15) 6
16) 5 17) 6 18) 7 19) 8 20) 8
21) 2 22) 4 23) 7 24) 3 25) 3
26) 5 27) 10 28) 1 29) 9 30) 4
31) 4 32) 3 33) 5 34) 5 35) 7
36) 4 37) 4 38) 3 39) 9 40) 4

Adding 0-5: Part 7

1) 8 2) 7 3) 5 4) 6 5) 6
6) 3 7) 6 8) 5 9) 10 10) 5
11) 7 12) 6 13) 5 14) 3 15) 7
16) 4 17) 2 18) 1 19) 2 20) 4
21) 4 22) 2 23) 3 24) 4 25) 7
26) 9 27) 9 28) 8 29) 6 30) 4
31) 1 32) 4 33) 5 34) 8 35) 9
36) 5 37) 5 38) 6 39) 3 40) 8

Adding 0-5: Part 8

1) 5 2) 5 3) 7 4) 4 5) 7
6) 7 7) 2 8) 3 9) 6 10) 8
11) 4 12) 1 13) 1 14) 5 15) 7
16) 6 17) 8 18) 2 19) 6 20) 4
21) 4 22) 6 23) 4 24) 2 25) 6
26) 3 27) 5 28) 9 29) 10 30) 5
31) 3 32) 9 33) 8 34) 5 35) 3
36) 5 37) 4 38) 4 39) 5 40) 5

Adding 0-5: Part 9

1) 6 2) 4 3) 6 4) 5 5) 7
6) 5 7) 3 8) 1 9) 3 10) 7
11) 10 12) 4 13) 1 14) 5 15) 3
16) 6 17) 8 18) 2 19) 8 20) 4
21) 6 22) 4 23) 5 24) 5 25) 7
26) 2 27) 3 28) 9 29) 7 30) 9
31) 4 32) 8 33) 2 34) 6 35) 5
36) 6 37) 4 38) 5 39) 4 40) 7

Adding 0-5: Part 10

1) 3 2) 5 3) 6 4) 3 5) 5
6) 3 7) 1 8) 4 9) 4 10) 5
11) 7 12) 6 13) 9 14) 4 15) 6
16) 4 17) 7 18) 5 19) 5 20) 2
21) 6 22) 8 23) 7 24) 8 25) 1
26) 5 27) 6 28) 10 29) 4 30) 3
31) 2 32) 9 33) 8 34) 7 35) 3
36) 2 37) 4 38) 5 39) 4 40) 2

Subtracting 0-5: Part 1

1) 2 2) 1 3) 4 4) 0 5) 0
6) 3 7) 1 8) 3 9) 1 10) 3
11) 0 12) 2 13) 0 14) 2 15) 4
16) 2 17) 0 18) 1 19) 5 20) 0
21) 1 22) 1 23) 2 24) 2 25) 2
26) 0 27) 1 28) 3 29) 1 30) 2
31) 0 32) 0 33) 1 34) 0 35) 0
36) 0 37) 2 38) 1 39) 3 40) 0

Subtracting 0-5: Part 2

1) 1 2) 2 3) 1 4) 0 5) 1
6) 2 7) 4 8) 1 9) 0 10) 3
11) 3 12) 2 13) 0 14) 0 15) 0
16) 2 17) 4 18) 0 19) 1 20) 2
21) 5 22) 3 23) 2 24) 1 25) 3
26) 2 27) 4 28) 1 29) 0 30) 2
31) 1 32) 2 33) 3 34) 1 35) 1
36) 0 37) 1 38) 0 39) 0 40) 0

Subtracting 0-5: Part 3

1) 0 2) 5 3) 1 4) 2 5) 1
6) 1 7) 2 8) 1 9) 2 10) 0
11) 0 12) 0 13) 4 14) 2 15) 3
16) 4 17) 3 18) 1 19) 0 20) 3
21) 0 22) 1 23) 1 24) 1 25) 1
26) 0 27) 1 28) 0 29) 3 30) 1
31) 0 32) 0 33) 5 34) 0 35) 3
36) 2 37) 1 38) 1 39) 0 40) 3

Subtracting 0-5: Part 4

1) 0 2) 1 3) 3 4) 1 5) 0
6) 0 7) 2 8) 3 9) 2 10) 5
11) 4 12) 3 13) 4 14) 0 15) 2
16) 1 17) 0 18) 1 19) 2 20) 0
21) 0 22) 1 23) 1 24) 1 25) 0
26) 1 27) 1 28) 0 29) 1 30) 0
31) 0 32) 3 33) 1 34) 4 35) 5
36) 1 37) 0 38) 3 39) 1 40) 3

Subtracting 0-5: Part 5

1) 0 2) 0 3) 1 4) 3 5) 3
6) 2 7) 0 8) 1 9) 2 10) 2
11) 2 12) 0 13) 1 14) 0 15) 1
16) 1 17) 0 18) 3 19) 5 20) 4
21) 0 22) 4 23) 4 24) 2 25) 1
26) 1 27) 3 28) 0 29) 1 30) 2
31) 0 32) 0 33) 2 34) 0 35) 1
36) 1 37) 0 38) 1 39) 2 40) 0

ANSWERS

Subtracting 0-5: Part 6

1) 3 2) 2 3) 2 4) 1 5) 1
6) 0 7) 0 8) 2 9) 0 10) 1
11) 3 12) 1 13) 5 14) 4 15) 4
16) 0 17) 2 18) 0 19) 1 20) 3
21) 1 22) 0 23) 0 24) 1 25) 1
26) 4 27) 0 28) 0 29) 2 30) 0
31) 3 32) 2 33) 0 34) 0 35) 1
36) 0 37) 1 38) 2 39) 2 40) 0

Subtracting 0-5: Part 7

1) 3 2) 0 3) 2 4) 0 5) 1
6) 2 7) 0 8) 1 9) 1 10) 3
11) 0 12) 0 13) 1 14) 2 15) 2
16) 4 17) 1 18) 3 19) 1 20) 4
21) 0 22) 1 23) 5 24) 0 25) 1
26) 1 27) 2 28) 2 29) 0 30) 2
31) 2 32) 1 33) 1 34) 0 35) 2
36) 0 37) 1 38) 1 39) 4 40) 1

Subtracting 0-5: Part 8

1) 3 2) 2 3) 0 4) 1 5) 0
6) 2 7) 1 8) 0 9) 2 10) 1
11) 0 12) 4 13) 1 14) 2 15) 4
16) 0 17) 5 18) 0 19) 3 20) 3
21) 4 22) 1 23) 1 24) 0 25) 1
26) 4 27) 0 28) 1 29) 2 30) 2
31) 0 32) 0 33) 1 34) 3 35) 0
36) 2 37) 1 38) 2 39) 0 40) 0

Subtracting 0-5: Part 9

1) 4 2) 2 3) 0 4) 4 5) 1
6) 0 7) 1 8) 3 9) 1 10) 2
11) 0 12) 0 13) 1 14) 3 15) 1
16) 0 17) 2 18) 0 19) 2 20) 5
21) 3 22) 4 23) 1 24) 4 25) 0
26) 0 27) 3 28) 0 29) 0 30) 1
31) 0 32) 1 33) 3 34) 1 35) 3
36) 1 37) 1 38) 2 39) 0 40) 0

Subtracting 0-5: Part 10

1) 1 2) 0 3) 1 4) 3 5) 4
6) 3 7) 0 8) 4 9) 2 10) 0
11) 0 12) 1 13) 3 14) 1 15) 0
16) 2 17) 1 18) 2 19) 5 20) 0
21) 2 22) 1 23) 1 24) 3 25) 3
26) 2 27) 3 28) 0 29) 1 30) 1
31) 1 32) 1 33) 2 34) 3 35) 0
36) 1 37) 1 38) 0 39) 0 40) 2

Adding 0-10: Part 1

1) 17 2) 11 3) 7 4) 4 5) 8
6) 18 7) 9 8) 7 9) 10 10) 4
11) 3 12) 8 13) 9 14) 10 15) 12
16) 10 17) 2 18) 8 19) 3 20) 13
21) 8 22) 8 23) 11 24) 14 25) 5
26) 6 27) 11 28) 9 29) 11 30) 14
31) 14 32) 12 33) 7 34) 15 35) 11
36) 13 37) 13 38) 14 39) 9 40) 12

Adding 0-10: Part 2

1) 15 2) 15 3) 3 4) 6 5) 6
6) 10 7) 8 8) 10 9) 8 10) 12
11) 14 12) 14 13) 19 14) 11 15) 12
16) 7 17) 12 18) 8 19) 11 20) 16
21) 3 22) 17 23) 13 24) 11 25) 14
26) 11 27) 7 28) 5 29) 8 30) 9
31) 4 32) 14 33) 5 34) 5 35) 12
36) 15 37) 10 38) 10 39) 11 40) 12

Adding 0-10: Part 3

1) 10 2) 7 3) 7 4) 11 5) 9
6) 14 7) 7 8) 6 9) 12 10) 11
11) 3 12) 8 13) 11 14) 9 15) 5
16) 11 17) 15 18) 3 19) 6 20) 12
21) 9 22) 3 23) 11 24) 9 25) 11
26) 15 27) 10 28) 13 29) 6 30) 6
31) 6 32) 9 33) 10 34) 12 35) 19
36) 19 37) 14 38) 7 39) 4 40) 6

Adding 0-10: Part 4

1) 6 2) 10 3) 14 4) 13 5) 6
6) 9 7) 8 8) 5 9) 7 10) 10
11) 8 12) 1 13) 6 14) 17 15) 8
16) 14 17) 12 18) 4 19) 18 20) 7
21) 9 22) 11 23) 14 24) 6 25) 10
26) 9 27) 15 28) 12 29) 9 30) 14
31) 11 32) 16 33) 17 34) 13 35) 11
36) 10 37) 12 38) 7 39) 18 40) 2

Adding 0-10: Part 5

1) 9 2) 4 3) 3 4) 8 5) 8
6) 15 7) 17 8) 13 9) 3 10) 11
11) 3 12) 6 13) 4 14) 9 15) 7
16) 8 17) 11 18) 6 19) 9 20) 11
21) 14 22) 8 23) 2 24) 11 25) 16
26) 9 27) 7 28) 11 29) 18 30) 17
31) 4 32) 7 33) 11 34) 8 35) 7
36) 1 37) 13 38) 10 39) 10 40) 14

Adding 0-10: Part 6

1) 8 2) 7 3) 13 4) 18 5) 4
6) 1 7) 12 8) 7 9) 11 10) 8
11) 12 12) 12 13) 15 14) 11 15) 6
16) 4 17) 9 18) 5 19) 20 20) 7
21) 11 22) 12 23) 7 24) 2 25) 12
26) 7 27) 17 28) 8 29) 9 30) 9
31) 7 32) 15 33) 7 34) 11 35) 13
36) 12 37) 10 38) 5 39) 10 40) 6

Adding 0-10: Part 7

1) 13 2) 8 3) 6 4) 7 5) 15
6) 3 7) 7 8) 9 9) 18 10) 12
11) 13 12) 11 13) 13 14) 9 15) 10
16) 16 17) 11 18) 5 19) 4 20) 11
21) 8 22) 4 23) 9 24) 4 25) 15
26) 10 27) 12 28) 14 29) 5 30) 10
31) 15 32) 16 33) 14 34) 17 35) 8
36) 12 37) 11 38) 12 39) 10 40) 8

Adding 0-10: Part 8

1) 8 2) 14 3) 14 4) 9 5) 13
6) 11 7) 11 8) 15 9) 9 10) 17
11) 11 12) 9 13) 14 14) 17 15) 5
16) 14 17) 12 18) 7 19) 11 20) 16
21) 6 22) 18 23) 11 24) 11 25) 8
26) 11 27) 5 28) 12 29) 10 30) 7
31) 8 32) 4 33) 15 34) 2 35) 4
36) 12 37) 3 38) 2 39) 12 40) 6

Adding 0-10: Part 9

1) 2 2) 14 3) 11 4) 7 5) 5
6) 10 7) 9 8) 20 9) 6 10) 15
11) 12 12) 11 13) 10 14) 11 15) 9
16) 4 17) 12 18) 12 19) 11 20) 12
21) 13 22) 1 23) 17 24) 6 25) 8
26) 6 27) 7 28) 5 29) 9 30) 8
31) 12 32) 13 33) 19 34) 5 35) 12
36) 9 37) 11 38) 16 39) 11 40) 9

Adding 0-10: Part 10

1) 8 2) 9 3) 15 4) 7 5) 10
6) 5 7) 16 8) 10 9) 14 10) 7
11) 11 12) 15 13) 6 14) 14 15) 9
16) 14 17) 10 18) 7 19) 10 20) 9
21) 8 22) 7 23) 1 24) 10 25) 10
26) 9 27) 13 28) 13 29) 14 30) 10
31) 14 32) 2 33) 11 34) 13 35) 19
36) 16 37) 18 38) 14 39) 11 40) 12

Subtracting 0-10: Part 1

1) 7 2) 1 3) 0 4) 4 5) 3
6) 4 7) 7 8) 2 9) 3 10) 0
11) 8 12) 7 13) 2 14) 4 15) 0
16) 2 17) 1 18) 5 19) 5 20) 4
21) 7 22) 5 23) 3 24) 1 25) 1
26) 6 27) 3 28) 6 29) 2 30) 0
31) 3 32) 2 33) 3 34) 3 35) 0
36) 5 37) 4 38) 4 39) 10 40) 8

Subtracting 0-10: Part 2

1) 6 2) 0 3) 8 4) 7 5) 3
6) 2 7) 1 8) 3 9) 3 10) 6
11) 5 12) 1 13) 4 14) 1 15) 4
16) 5 17) 5 18) 1 19) 1 20) 5
21) 2 22) 1 23) 3 24) 7 25) 6
26) 6 27) 2 28) 8 29) 1 30) 4
31) 2 32) 2 33) 3 34) 3 35) 2
36) 4 37) 4 38) 7 39) 0 40) 5

Subtracting 0-10: Part 3

1) 4 2) 8 3) 3 4) 4 5) 5
6) 1 7) 3 8) 6 9) 4 10) 8
11) 2 12) 5 13) 0 14) 7 15) 4
16) 7 17) 4 18) 3 19) 0 20) 2
21) 2 22) 6 23) 0 24) 1 25) 5
26) 5 27) 4 28) 3 29) 6 30) 1
31) 9 32) 3 33) 6 34) 6 35) 4
36) 3 37) 2 38) 0 39) 1 40) 2

Subtracting 0-10: Part 4

1) 8 2) 5 3) 9 4) 1 5) 2
6) 0 7) 0 8) 7 9) 1 10) 6
11) 3 12) 4 13) 1 14) 2 15) 6
16) 0 17) 4 18) 4 19) 2 20) 5
21) 5 22) 5 23) 2 24) 8 25) 2
26) 1 27) 8 28) 3 29) 3 30) 1
31) 5 32) 1 33) 2 34) 3 35) 6
36) 4 37) 7 38) 3 39) 10 40) 6

Subtracting 0-10: Part 5

1) 3 2) 3 3) 1 4) 9 5) 5
6) 5 7) 5 8) 4 9) 4 10) 0
11) 3 12) 3 13) 7 14) 6 15) 2
16) 7 17) 4 18) 2 19) 2 20) 4
21) 0 22) 1 23) 2 24) 1 25) 5
26) 1 27) 0 28) 3 29) 6 30) 1
31) 2 32) 4 33) 0 34) 1 35) 2
36) 8 37) 5 38) 3 39) 8 40) 2

Subtracting 0-10: Part 6

1) 1 2) 5 3) 2 4) 0 5) 5
6) 4 7) 1 8) 2 9) 0 10) 7
11) 5 12) 6 13) 6 14) 3 15) 7
16) 6 17) 8 18) 4 19) 1 20) 2
21) 2 22) 2 23) 5 24) 3 25) 2
26) 5 27) 4 28) 8 29) 2 30) 3
31) 6 32) 0 33) 3 34) 1 35) 4
36) 7 37) 0 38) 6 39) 1 40) 4

Subtracting 0-10: Part 7

1) 2 2) 1 3) 8 4) 1 5) 9
6) 4 7) 4 8) 2 9) 3 10) 3
11) 1 12) 2 13) 4 14) 4 15) 5
16) 2 17) 6 18) 4 19) 2 20) 7
21) 0 22) 6 23) 5 24) 8 25) 7
26) 0 27) 3 28) 6 29) 1 30) 6
31) 2 32) 7 33) 4 34) 3 35) 0
36) 0 37) 8 38) 5 39) 5 40) 5

Subtracting 0-10: Part 8

1) 2 2) 3 3) 2 4) 8 5) 0
6) 7 7) 4 8) 9 9) 5 10) 3
11) 6 12) 7 13) 9 14) 4 15) 2
16) 6 17) 2 18) 0 19) 5 20) 5
21) 1 22) 3 23) 3 24) 3 25) 4
26) 3 27) 0 28) 2 29) 1 30) 2
31) 0 32) 6 33) 5 34) 1 35) 4
36) 4 37) 7 38) 1 39) 1 40) 6

Subtracting 0-10: Part 9

1) 9 2) 4 3) 2 4) 2 5) 4
6) 0 7) 3 8) 3 9) 6 10) 3
11) 1 12) 6 13) 4 14) 3 15) 4
16) 2 17) 8 18) 5 19) 1 20) 0
21) 9 22) 5 23) 8 24) 1 25) 1
26) 1 27) 3 28) 0 29) 2 30) 4
31) 6 32) 5 33) 0 34) 4 35) 6
36) 5 37) 1 38) 3 39) 0 40) 7

Subtracting 0-10: Part 10

1) 8 2) 2 3) 3 4) 0 5) 3
6) 4 7) 7 8) 6 9) 3 10) 4
11) 5 12) 2 13) 4 14) 2 15) 7
16) 2 17) 1 18) 4 19) 1 20) 7
21) 6 22) 3 23) 8 24) 7 25) 5
26) 5 27) 5 28) 1 29) 0 30) 3
31) 3 32) 1 33) 0 34) 6 35) 3
36) 2 37) 0 38) 9 39) 1 40) 5

Adding 0-20: Part 1

1) 30 2) 31 3) 31 4) 27 5) 25
6) 27 7) 19 8) 21 9) 24 10) 26
11) 24 12) 15 13) 21 14) 23 15) 37
16) 23 17) 28 18) 21 19) 24 20) 23
21) 25 22) 23 23) 25 24) 27 25) 32
26) 26 27) 29 28) 35 29) 30 30) 26
31) 15 32) 28 33) 25 34) 22 35) 18
36) 18 37) 17 38) 25 39) 27 40) 29

Adding 0-20: Part 2

1) 32 2) 34 3) 24 4) 27 5) 19
6) 30 7) 30 8) 26 9) 27 10) 28
11) 19 12) 19 13) 31 14) 32 15) 18
16) 22 17) 28 18) 29 19) 30 20) 36
21) 21 22) 26 23) 27 24) 28 25) 28
26) 26 27) 21 28) 22 29) 34 30) 17
31) 22 32) 39 33) 36 34) 24 35) 16
36) 38 37) 24 38) 19 39) 20 40) 23

Adding 0-20: Part 3

1) 30 2) 33 3) 26 4) 32 5) 27
6) 16 7) 25 8) 28 9) 21 10) 30
11) 17 12) 15 13) 28 14) 26 15) 21
16) 22 17) 19 18) 32 19) 22 20) 15
21) 26 22) 28 23) 38 24) 18 25) 30
26) 23 27) 20 28) 24 29) 33 30) 22
31) 31 32) 34 33) 15 34) 34 35) 21
36) 35 37) 23 38) 32 39) 28 40) 29

Adding 0-20: Part 4

1) 22 2) 18 3) 29 4) 34 5) 31
6) 30 7) 15 8) 19 9) 18 10) 28
11) 25 12) 29 13) 23 14) 28 15) 27
16) 29 17) 34 18) 36 19) 29 20) 17
21) 16 22) 23 23) 31 24) 23 25) 22
26) 30 27) 25 28) 31 29) 26 30) 33
31) 34 32) 17 33) 17 34) 31 35) 23
36) 32 37) 37 38) 22 39) 19 40) 28

Adding 0-20: Part 5

1) 32 2) 23 3) 20 4) 26 5) 24
6) 27 7) 36 8) 22 9) 19 10) 26
11) 19 12) 37 13) 28 14) 24 15) 29
16) 29 17) 32 18) 34 19) 35 20) 31
21) 31 22) 24 23) 29 24) 24 25) 30
26) 18 27) 33 28) 36 29) 35 30) 27
31) 28 32) 19 33) 15 34) 18 35) 20
36) 23 37) 17 38) 27 39) 15 40) 29

Adding 0-20: Part 6

1) 20 2) 27 3) 19 4) 19 5) 25
6) 27 7) 22 8) 15 9) 24 10) 21
11) 32 12) 22 13) 24 14) 37 15) 21
16) 20 17) 15 18) 26 19) 27 20) 17
21) 34 22) 30 23) 30 24) 18 25) 38
26) 29 27) 36 28) 20 29) 16 30) 16
31) 26 32) 25 33) 20 34) 31 35) 28
36) 34 37) 25 38) 15 39) 18 40) 21

Adding 0-20: Part 7

1) 32 2) 29 3) 31 4) 24 5) 27
6) 22 7) 34 8) 38 9) 27 10) 15
11) 31 12) 37 13) 34 14) 31 15) 37
16) 34 17) 28 18) 21 19) 24 20) 21
21) 26 22) 30 23) 24 24) 20 25) 30
26) 32 27) 36 28) 22 29) 27 30) 26
31) 27 32) 25 33) 28 34) 26 35) 15
36) 16 37) 29 38) 35 39) 24 40) 26

Adding 0-20: Part 8

1) 29 2) 16 3) 33 4) 20 5) 28
6) 23 7) 25 8) 20 9) 29 10) 22
11) 23 12) 20 13) 22 14) 28 15) 17
16) 23 17) 30 18) 34 19) 34 20) 33
21) 27 22) 22 23) 32 24) 21 25) 24
26) 24 27) 24 28) 26 29) 30 30) 31
31) 35 32) 24 33) 22 34) 20 35) 27
36) 23 37) 33 38) 19 39) 33 40) 23

Adding 0-20: Part 9

1) 24 2) 25 3) 29 4) 29 5) 24
6) 29 7) 28 8) 19 9) 23 10) 16
11) 23 12) 27 13) 34 14) 35 15) 34
16) 30 17) 29 18) 23 19) 18 20) 31
21) 24 22) 24 23) 27 24) 25 25) 19
26) 17 27) 32 28) 30 29) 16 30) 30
31) 22 32) 36 33) 22 34) 30 35) 25
36) 19 37) 18 38) 23 39) 22 40) 21

Adding 0-20: Part 10

1) 29 2) 33 3) 19 4) 24 5) 33
6) 32 7) 26 8) 23 9) 23 10) 27
11) 18 12) 29 13) 25 14) 24 15) 34
16) 15 17) 28 18) 18 19) 16 20) 29
21) 27 22) 25 23) 33 24) 36 25) 30
26) 18 27) 25 28) 30 29) 34 30) 28
31) 22 32) 28 33) 26 34) 21 35) 17
36) 17 37) 28 38) 19 39) 21 40) 24

Adding 0-20: Part 11

1) 20 2) 30 3) 21 4) 28 5) 33
6) 25 7) 17 8) 24 9) 23 10) 16
11) 18 12) 20 13) 16 14) 24 15) 26
16) 15 17) 33 18) 27 19) 25 20) 27
21) 32 22) 32 23) 19 24) 22 25) 19
26) 27 27) 29 28) 33 29) 30 30) 30
31) 31 32) 29 33) 15 34) 36 35) 28
36) 21 37) 24 38) 36 39) 25 40) 35

Adding 0-20: Part 12

1) 21 2) 18 3) 19 4) 26 5) 17
6) 20 7) 20 8) 23 9) 22 10) 24
11) 26 12) 27 13) 30 14) 25 15) 30
16) 19 17) 19 18) 28 19) 31 20) 26
21) 24 22) 36 23) 27 24) 17 25) 24
26) 18 27) 17 28) 19 29) 31 30) 15
31) 34 32) 17 33) 36 34) 25 35) 27
36) 26 37) 25 38) 27 39) 32 40) 28

Adding 0-20: Part 13

1) 32 2) 23 3) 37 4) 32 5) 31
6) 21 7) 19 8) 26 9) 21 10) 33
11) 30 12) 20 13) 22 14) 26 15) 28
16) 32 17) 27 18) 23 19) 37 20) 34
21) 23 22) 38 23) 28 24) 35 25) 33
26) 24 27) 28 28) 25 29) 26 30) 25
31) 19 32) 32 33) 31 34) 34 35) 32
36) 18 37) 24 38) 35 39) 16 40) 25

Adding 0-20: Part 14

1) 28 2) 35 3) 20 4) 19 5) 29
6) 32 7) 29 8) 24 9) 29 10) 35
11) 28 12) 20 13) 26 14) 16 15) 16
16) 28 17) 23 18) 20 19) 31 20) 24
21) 23 22) 31 23) 28 24) 19 25) 36
26) 25 27) 33 28) 22 29) 26 30) 26
31) 38 32) 20 33) 30 34) 24 35) 15
36) 21 37) 33 38) 19 39) 23 40) 34

Adding 0-20: Part 15

1) 35 2) 25 3) 18 4) 25 5) 28
6) 36 7) 26 8) 32 9) 24 10) 21
11) 23 12) 16 13) 28 14) 20 15) 22
16) 25 17) 34 18) 20 19) 19 20) 27
21) 28 22) 33 23) 17 24) 26 25) 24
26) 25 27) 33 28) 35 29) 24 30) 24
31) 23 32) 24 33) 24 34) 25 35) 35
36) 26 37) 30 38) 19 39) 23 40) 21

Adding 0-20: Part 16

1) 30 2) 22 3) 36 4) 19 5) 26
6) 30 7) 24 8) 28 9) 32 10) 19
11) 31 12) 33 13) 20 14) 29 15) 22
16) 17 17) 25 18) 16 19) 29 20) 23
21) 18 22) 33 23) 28 24) 32 25) 22
26) 39 27) 18 28) 33 29) 24 30) 25
31) 16 32) 38 33) 23 34) 24 35) 26
36) 26 37) 38 38) 24 39) 17 40) 15

Adding 0-20: Part 17

1) 35 2) 32 3) 33 4) 29 5) 25
6) 29 7) 27 8) 21 9) 28 10) 18
11) 34 12) 25 13) 31 14) 26 15) 22
16) 16 17) 27 18) 37 19) 30 20) 35
21) 17 22) 21 23) 26 24) 23 25) 33
26) 28 27) 29 28) 32 29) 23 30) 15
31) 20 32) 16 33) 25 34) 31 35) 27
36) 23 37) 29 38) 28 39) 33 40) 30

Adding 0-20: Part 18

1) 25 2) 33 3) 24 4) 27 5) 21
6) 26 7) 23 8) 36 9) 24 10) 20
11) 15 12) 20 13) 19 14) 32 15) 31
16) 27 17) 35 18) 23 19) 22 20) 25
21) 25 22) 30 23) 27 24) 22 25) 21
26) 21 27) 21 28) 17 29) 23 30) 32
31) 20 32) 20 33) 37 34) 31 35) 35
36) 31 37) 23 38) 24 39) 16 40) 19

Adding 0-20: Part 19

1) 37 2) 27 3) 24 4) 25 5) 27
6) 25 7) 23 8) 18 9) 24 10) 31
11) 22 12) 36 13) 26 14) 35 15) 19
16) 22 17) 30 18) 24 19) 26 20) 23
21) 15 22) 19 23) 25 24) 29 25) 29
26) 26 27) 26 28) 27 29) 27 30) 22
31) 29 32) 28 33) 18 34) 25 35) 26
36) 17 37) 22 38) 29 39) 24 40) 30

Adding 0-20: Part 20

1) 24 2) 26 3) 20 4) 24 5) 31
6) 27 7) 34 8) 20 9) 28 10) 32
11) 24 12) 15 13) 21 14) 26 15) 25
16) 32 17) 39 18) 31 19) 32 20) 21
21) 28 22) 38 23) 29 24) 19 25) 19
26) 35 27) 27 28) 30 29) 36 30) 20
31) 20 32) 33 33) 26 34) 21 35) 17
36) 34 37) 21 38) 17 39) 23 40) 31

Subtracting 0-20: Part 1

1) 13 2) 4 3) 17 4) 5 5) 8
6) 8 7) 4 8) 1 9) 3 10) 8
11) 5 12) 10 13) 16 14) 0 15) 13
16) 6 17) 2 18) 5 19) 17 20) 7
21) 9 22) 9 23) 0 24) 10 25) 4
26) 3 27) 2 28) 12 29) 7 30) 8
31) 4 32) 13 33) 9 34) 0 35) 2
36) 13 37) 2 38) 5 39) 1 40) 4

Subtracting 0-20: Part 2

1) 2 2) 14 3) 6 4) 12 5) 13
6) 10 7) 10 8) 9 9) 12 10) 3
11) 8 12) 6 13) 13 14) 2 15) 9
16) 10 17) 9 18) 7 19) 12 20) 11
21) 6 22) 6 23) 7 24) 14 25) 6
26) 13 27) 13 28) 5 29) 4 30) 8
31) 5 32) 1 33) 10 34) 4 35) 6
36) 0 37) 4 38) 6 39) 5 40) 14

Subtracting 0-20: Part 3

1) 5 2) 7 3) 15 4) 1 5) 3
6) 6 7) 12 8) 10 9) 4 10) 8
11) 9 12) 4 13) 0 14) 8 15) 11
16) 14 17) 10 18) 3 19) 14 20) 3
21) 11 22) 4 23) 7 24) 3 25) 8
26) 18 27) 1 28) 1 29) 16 30) 12
31) 2 32) 7 33) 11 34) 18 35) 15
36) 13 37) 17 38) 10 39) 4 40) 6

Subtracting 0-20: Part 4

1) 3 2) 14 3) 11 4) 12 5) 3
6) 13 7) 4 8) 11 9) 17 10) 8
11) 7 12) 8 13) 3 14) 10 15) 9
16) 0 17) 5 18) 15 19) 7 20) 11
21) 4 22) 10 23) 9 24) 1 25) 5
26) 11 27) 1 28) 5 29) 8 30) 14
31) 7 32) 10 33) 7 34) 0 35) 5
36) 11 37) 11 38) 6 39) 1 40) 14

Subtracting 0-20: Part 5

1) 7 2) 5 3) 1 4) 16 5) 14
6) 6 7) 11 8) 0 9) 8 10) 4
11) 7 12) 5 13) 10 14) 1 15) 9
16) 17 17) 14 18) 0 19) 14 20) 13
21) 9 22) 14 23) 11 24) 6 25) 5
26) 1 27) 14 28) 2 29) 13 30) 1
31) 3 32) 13 33) 15 34) 2 35) 10
36) 6 37) 10 38) 7 39) 11 40) 11

Subtracting 0-20: Part 6

1) 10 2) 7 3) 5 4) 1 5) 12
6) 3 7) 5 8) 9 9) 7 10) 4
11) 15 12) 14 13) 9 14) 11 15) 5
16) 3 17) 7 18) 4 19) 7 20) 4
21) 8 22) 2 23) 12 24) 19 25) 1
26) 17 27) 8 28) 14 29) 0 30) 6
31) 8 32) 10 33) 16 34) 8 35) 10
36) 0 37) 11 38) 4 39) 1 40) 10

Subtracting 0-20: Part 7

1) 7 2) 2 3) 2 4) 12 5) 15
6) 3 7) 0 8) 11 9) 5 10) 1
11) 9 12) 1 13) 6 14) 11 15) 3
16) 1 17) 1 18) 14 19) 15 20) 3
21) 4 22) 3 23) 2 24) 14 25) 2
26) 16 27) 9 28) 1 29) 9 30) 13
31) 0 32) 8 33) 6 34) 6 35) 10
36) 5 37) 6 38) 7 39) 18 40) 17

Subtracting 0-20: Part 8

1) 14 2) 3 3) 2 4) 2 5) 15
6) 17 7) 15 8) 4 9) 1 10) 5
11) 8 12) 11 13) 6 14) 13 15) 6
16) 4 17) 9 18) 9 19) 3 20) 2
21) 13 22) 9 23) 8 24) 9 25) 2
26) 9 27) 13 28) 13 29) 7 30) 7
31) 11 32) 12 33) 2 34) 16 35) 1
36) 0 37) 1 38) 12 39) 7 40) 10

Subtracting 0-20: Part 9

1) 12 2) 3 3) 8 4) 3 5) 1
6) 2 7) 11 8) 9 9) 2 10) 15
11) 18 12) 9 13) 7 14) 2 15) 7
16) 4 17) 4 18) 1 19) 10 20) 16
21) 15 22) 14 23) 6 24) 10 25) 2
26) 10 27) 6 28) 9 29) 8 30) 9
31) 0 32) 8 33) 11 34) 4 35) 3
36) 2 37) 4 38) 2 39) 3 40) 3

Subtracting 0-20: Part 10

1) 0 2) 10 3) 11 4) 2 5) 9
6) 14 7) 3 8) 5 9) 6 10) 13
11) 7 12) 8 13) 15 14) 8 15) 14
16) 1 17) 5 18) 9 19) 4 20) 6
21) 10 22) 4 23) 19 24) 2 25) 13
26) 0 27) 15 28) 1 29) 3 30) 9
31) 1 32) 10 33) 3 34) 5 35) 8
36) 2 37) 3 38) 6 39) 5 40) 6

Subtracting 0-20: Part 11

1) 10 2) 9 3) 11 4) 5 5) 9
6) 9 7) 15 8) 8 9) 10 10) 13
11) 0 12) 3 13) 3 14) 9 15) 1
16) 10 17) 9 18) 0 19) 7 20) 6
21) 2 22) 5 23) 15 24) 13 25) 9
26) 8 27) 3 28) 6 29) 10 30) 6
31) 8 32) 3 33) 4 34) 14 35) 2
36) 0 37) 11 38) 3 39) 8 40) 4

Subtracting 0-20: Part 12

1) 15 2) 6 3) 12 4) 12 5) 8
6) 9 7) 10 8) 13 9) 14 10) 1
11) 3 12) 5 13) 13 14) 6 15) 18
16) 1 17) 10 18) 5 19) 6 20) 3
21) 7 22) 9 23) 15 24) 4 25) 9
26) 6 27) 3 28) 5 29) 4 30) 9
31) 5 32) 20 33) 16 34) 15 35) 14
36) 11 37) 8 38) 0 39) 7 40) 13

Subtracting 0-20: Part 13

1) 7 2) 2 3) 11 4) 6 5) 15
6) 11 7) 8 8) 6 9) 11 10) 9
11) 0 12) 10 13) 0 14) 7 15) 2
16) 15 17) 1 18) 6 19) 14 20) 13
21) 0 22) 6 23) 5 24) 4 25) 6
26) 12 27) 15 28) 4 29) 2 30) 16
31) 16 32) 0 33) 3 34) 17 35) 3
36) 1 37) 6 38) 5 39) 6 40) 11

Subtracting 0-20: Part 14

1) 12 2) 0 3) 3 4) 4 5) 1
6) 1 7) 9 8) 11 9) 0 10) 17
11) 2 12) 14 13) 6 14) 10 15) 0
16) 16 17) 7 18) 8 19) 2 20) 2
21) 14 22) 5 23) 2 24) 11 25) 0
26) 13 27) 14 28) 9 29) 2 30) 17
31) 4 32) 0 33) 1 34) 11 35) 12
36) 17 37) 0 38) 11 39) 2 40) 11

Subtracting 0-20: Part 15

1) 5 2) 1 3) 3 4) 14 5) 6
6) 16 7) 12 8) 3 9) 15 10) 11
11) 12 12) 14 13) 10 14) 6 15) 2
16) 6 17) 4 18) 2 19) 13 20) 1
21) 18 22) 17 23) 4 24) 2 25) 14
26) 2 27) 18 28) 2 29) 15 30) 11
31) 8 32) 4 33) 2 34) 12 35) 16
36) 9 37) 15 38) 7 39) 5 40) 1

Subtracting 0-20: Part 16
1) 10 2) 12 3) 8 4) 12 5) 15
6) 2 7) 6 8) 16 9) 3 10) 5
11) 2 12) 7 13) 5 14) 13 15) 17
16) 4 17) 3 18) 4 19) 2 20) 1
21) 17 22) 11 23) 7 24) 12 25) 3
26) 7 27) 1 28) 2 29) 7 30) 9
31) 6 32) 11 33) 2 34) 1 35) 14
36) 15 37) 4 38) 6 39) 10 40) 7

Subtracting 0-20: Part 17
1) 9 2) 10 3) 12 4) 9 5) 10
6) 15 7) 7 8) 4 9) 6 10) 2
11) 13 12) 2 13) 11 14) 11 15) 5
16) 1 17) 1 18) 13 19) 8 20) 2
21) 1 22) 16 23) 16 24) 15 25) 14
26) 3 27) 2 28) 8 29) 3 30) 1
31) 12 32) 9 33) 12 34) 12 35) 1
36) 6 37) 0 38) 12 39) 1 40) 7

Subtracting 0-20: Part 18
1) 5 2) 5 3) 11 4) 7 5) 13
6) 12 7) 5 8) 6 9) 9 10) 9
11) 8 12) 7 13) 1 14) 1 15) 12
16) 8 17) 2 18) 13 19) 9 20) 8
21) 14 22) 4 23) 6 24) 6 25) 1
26) 3 27) 17 28) 3 29) 6 30) 14
31) 12 32) 6 33) 7 34) 8 35) 12
36) 12 37) 10 38) 15 39) 7 40) 5

Subtracting 0-20: Part 19
1) 3 2) 7 3) 13 4) 9 5) 3
6) 4 7) 8 8) 10 9) 14 10) 11
11) 13 12) 8 13) 7 14) 7 15) 4
16) 6 17) 14 18) 6 19) 4 20) 11
21) 16 22) 0 23) 4 24) 17 25) 11
26) 0 27) 0 28) 7 29) 7 30) 8
31) 6 32) 10 33) 8 34) 6 35) 19
36) 3 37) 3 38) 14 39) 11 40) 10

Subtracting 0-20: Part 20
1) 2 2) 5 3) 4 4) 5 5) 1
6) 1 7) 8 8) 6 9) 13 10) 3
11) 7 12) 9 13) 12 14) 16 15) 8
16) 9 17) 6 18) 8 19) 18 20) 15
21) 13 22) 3 23) 13 24) 7 25) 3
26) 12 27) 3 28) 2 29) 17 30) 6
31) 13 32) 2 33) 2 34) 15 35) 2
36) 1 37) 15 38) 2 39) 15 40) 12

Mixed Questions 0-20: Part 1
1) 4 2) 1 3) 2 4) 14 5) 22
6) 27 7) 17 8) 19 9) 17 10) 2
11) 38 12) 2 13) 25 14) 23 15) 6
16) 0 17) 15 18) 1 19) 23 20) 4
21) 0 22) 21 23) 24 24) 12 25) 13
26) 1 27) 4 28) 27 29) 21 30) 7
31) 2 32) 9 33) 25 34) 13 35) 1
36) 10 37) 10 38) 12 39) 24 40) 1

Mixed Questions 0-20: Part 2
1) 23 2) 4 3) 10 4) 19 5) 9
6) 1 7) 1 8) 12 9) 27 10) 17
11) 15 12) 2 13) 17 14) 14 15) 21
16) 0 17) 25 18) 2 19) 38 20) 24
21) 6 22) 0 23) 10 24) 4 25) 13
26) 7 27) 23 28) 22 29) 1 30) 27
31) 1 32) 25 33) 24 34) 12 35) 2
36) 1 37) 13 38) 4 39) 21 40) 2

Mixed Questions 0-20: Part 3
1) 7 2) 9 3) 2 4) 17 5) 12
6) 4 7) 24 8) 10 9) 6 10) 21
11) 0 12) 2 13) 27 14) 0 15) 1
16) 10 17) 25 18) 13 19) 22 20) 27
21) 14 22) 25 23) 13 24) 1 25) 4
26) 12 27) 2 28) 4 29) 1 30) 24
31) 21 32) 23 33) 19 34) 38 35) 15
36) 17 37) 2 38) 1 39) 1 40) 23

Mixed Questions 0-20: Part 4
1) 0 2) 12 3) 17 4) 22 5) 24
6) 1 7) 2 8) 25 9) 4 10) 2
11) 4 12) 1 13) 13 14) 14 15) 21
16) 6 17) 1 18) 21 19) 4 20) 19
21) 23 22) 1 23) 1 24) 10 25) 23
26) 9 27) 2 28) 0 29) 7 30) 10
31) 2 32) 24 33) 12 34) 15 35) 25
36) 27 37) 38 38) 17 39) 27 40) 13

Mixed Questions 0-20: Part 5
1) 19 2) 6 3) 10 4) 1 5) 4
6) 23 7) 25 8) 22 9) 27 10) 27
11) 0 12) 1 13) 14 14) 25 15) 21
16) 1 17) 12 18) 17 19) 38 20) 2
21) 10 22) 23 23) 1 24) 4 25) 12
26) 24 27) 24 28) 13 29) 9 30) 4
31) 2 32) 0 33) 13 34) 2 35) 17
36) 2 37) 21 38) 15 39) 1 40) 7

Mixed Questions 0-20: Part 6
1) 4 2) 24 3) 27 4) 21 5) 7
6) 25 7) 1 8) 12 9) 23 10) 24
11) 22 12) 14 13) 10 14) 2 15) 17
16) 2 17) 17 18) 38 19) 19 20) 1
21) 6 22) 21 23) 12 24) 13 25) 15
26) 10 27) 25 28) 27 29) 2 30) 13
31) 4 32) 1 33) 23 34) 2 35) 4
36) 0 37) 1 38) 0 39) 9 40) 1

Mixed Questions 0-20: Part 7
1) 21 2) 10 3) 24 4) 12 5) 9
6) 1 7) 4 8) 38 9) 1 10) 0
11) 12 12) 7 13) 27 14) 1 15) 24
16) 25 17) 1 18) 23 19) 2 20) 6
21) 4 22) 17 23) 10 24) 19 25) 13
26) 15 27) 2 28) 22 29) 14 30) 17
31) 13 32) 1 33) 0 34) 4 35) 2
36) 27 37) 23 38) 21 39) 2 40) 25

Mixed Questions 0-20: Part 8
1) 24 2) 2 3) 22 4) 4 5) 23
6) 7 7) 1 8) 4 9) 21 10) 17
11) 12 12) 13 13) 23 14) 12 15) 0
16) 4 17) 1 18) 14 19) 15 20) 2
21) 1 22) 1 23) 6 24) 2 25) 21
26) 2 27) 17 28) 25 29) 10 30) 25
31) 10 32) 38 33) 27 34) 19 35) 1
36) 27 37) 0 38) 9 39) 24 40) 13

Mixed Questions 0-20: Part 9
1) 17 2) 24 3) 38 4) 23 5) 4
6) 22 7) 7 8) 0 9) 17 10) 25
11) 10 12) 2 13) 2 14) 21 15) 1
16) 1 17) 21 18) 27 19) 13 20) 10
21) 4 22) 25 23) 1 24) 1 25) 13
26) 15 27) 1 28) 24 29) 2 30) 6
31) 27 32) 4 33) 12 34) 23 35) 9
36) 12 37) 0 38) 14 39) 2 40) 19

Mixed Questions 0-20: Part 10
1) 2 2) 1 3) 4 4) 38 5) 27
6) 13 7) 23 8) 12 9) 2 10) 0
11) 25 12) 7 13) 23 14) 10 15) 17
16) 1 17) 22 18) 0 19) 19 20) 1
21) 2 22) 6 23) 1 24) 21 25) 4
26) 24 27) 12 28) 15 29) 9 30) 14
31) 21 32) 24 33) 1 34) 25 35) 10
36) 2 37) 4 38) 27 39) 17 40) 13

Mixed Questions 0-20: Part 11

1) 14 2) 27 3) 17 4) 4 5) 21
6) 4 7) 27 8) 24 9) 1 10) 13
11) 25 12) 10 13) 13 14) 0 15) 22
16) 19 17) 7 18) 23 19) 1 20) 4
21) 2 22) 9 23) 15 24) 24 25) 6
26) 2 27) 1 28) 12 29) 2 30) 0
31) 1 32) 23 33) 2 34) 12 35) 17
36) 1 37) 25 38) 10 39) 38 40) 21

Mixed Questions 0-20: Part 12

1) 23 2) 4 3) 1 4) 12 5) 21
6) 25 7) 6 8) 22 9) 1 10) 24
11) 27 12) 9 13) 25 14) 10 15) 13
16) 27 17) 15 18) 1 19) 2 20) 10
21) 21 22) 19 23) 7 24) 0 25) 23
26) 14 27) 1 28) 4 29) 13 30) 2
31) 1 32) 24 33) 0 34) 4 35) 38
36) 2 37) 17 38) 17 39) 12 40) 2

Mixed Questions 0-20: Part 13

1) 10 2) 22 3) 1 4) 2 5) 23
6) 15 7) 1 8) 17 9) 13 10) 25
11) 27 12) 21 13) 12 14) 27 15) 4
16) 13 17) 9 18) 17 19) 0 20) 2
21) 2 22) 19 23) 24 24) 38 25) 12
26) 14 27) 0 28) 1 29) 24 30) 1
31) 6 32) 1 33) 21 34) 7 35) 10
36) 2 37) 25 38) 4 39) 23 40) 4

Mixed Questions 0-20: Part 14

1) 23 2) 6 3) 2 4) 24 5) 15
6) 4 7) 25 8) 1 9) 38 10) 7
11) 24 12) 17 13) 1 14) 27 15) 23
16) 2 17) 17 18) 14 19) 9 20) 13
21) 21 22) 4 23) 10 24) 13 25) 4
26) 19 27) 1 28) 0 29) 2 30) 0
31) 21 32) 1 33) 22 34) 25 35) 10
36) 27 37) 12 38) 1 39) 2 40) 12

Mixed Questions 0-20: Part 15

1) 4 2) 25 3) 23 4) 21 5) 4
6) 27 7) 24 8) 24 9) 21 10) 13
11) 22 12) 38 13) 10 14) 15 15) 10
16) 1 17) 2 18) 14 19) 17 20) 12
21) 9 22) 1 23) 2 24) 2 25) 4
26) 1 27) 12 28) 25 29) 7 30) 0
31) 0 32) 17 33) 19 34) 1 35) 1
36) 13 37) 27 38) 23 39) 6 40) 2

Mixed Questions 0-20: Part 16

1) 15 2) 2 3) 23 4) 21 5) 2
6) 2 7) 27 8) 1 9) 24 10) 17
11) 12 12) 1 13) 9 14) 7 15) 2
16) 38 17) 13 18) 4 19) 21 20) 24
21) 12 22) 1 23) 13 24) 22 25) 4
26) 1 27) 17 28) 0 29) 19 30) 25
31) 6 32) 23 33) 10 34) 25 35) 14
36) 1 37) 10 38) 4 39) 0 40) 27

Mixed Questions 0-20: Part 17

1) 21 2) 1 3) 23 4) 6 5) 13
6) 2 7) 0 8) 1 9) 22 10) 14
11) 21 12) 10 13) 12 14) 15 15) 4
16) 0 17) 2 18) 12 19) 27 20) 17
21) 2 22) 10 23) 24 24) 1 25) 19
26) 4 27) 2 28) 7 29) 13 30) 17
31) 24 32) 25 33) 1 34) 1 35) 25
36) 4 37) 23 38) 38 39) 9 40) 27

Mixed Questions 0-20: Part 18

1) 0 2) 12 3) 38 4) 6 5) 0
6) 2 7) 4 8) 10 9) 22 10) 4
11) 21 12) 24 13) 21 14) 23 15) 1
16) 25 17) 19 18) 13 19) 1 20) 27
21) 23 22) 1 23) 4 24) 24 25) 27
26) 2 27) 10 28) 25 29) 7 30) 17
31) 15 32) 1 33) 1 34) 2 35) 14
36) 2 37) 12 38) 13 39) 9 40) 17

Mixed Questions 0-20: Part 19

1) 12 2) 13 3) 27 4) 7 5) 15
6) 10 7) 13 8) 1 9) 27 10) 4
11) 1 12) 17 13) 6 14) 10 15) 12
16) 0 17) 2 18) 23 19) 1 20) 24
21) 1 22) 9 23) 0 24) 2 25) 4
26) 14 27) 25 28) 4 29) 38 30) 21
31) 17 32) 19 33) 2 34) 1 35) 21
36) 23 37) 2 38) 22 39) 25 40) 24

Mixed Questions 0-20: Part 20

1) 23 2) 38 3) 4 4) 2 5) 13
6) 24 7) 2 8) 2 9) 0 10) 4
11) 4 12) 27 13) 24 14) 9 15) 19
16) 23 17) 10 18) 15 19) 17 20) 13
21) 12 22) 2 23) 17 24) 22 25) 21
26) 6 27) 25 28) 7 29) 1 30) 0
31) 1 32) 21 33) 10 34) 27 35) 1
36) 1 37) 14 38) 12 39) 1 40) 25

Printed in Great Britain
by Amazon